# LE CODE DE L'ESPRIT CALME

## Psychologie Pratique pour Reconstruire Votre Paix Sans Méditer pendant des Heures ni Effacer Votre Personnalité

Harvey McGarry

Publié par Authors Crib

www.AuthorsCrib.com

# PRÉFACE

Si vous lisez ceci, je sais quelque chose à votre sujet.

Je sais que vous êtes fatigué. Votre cerveau est bruyant. On dirait que vous portez un petit comité hurlant partout où vous allez.

Vous avez probablement essayé de le réparer. Peut-être que vous avez acheté des cristaux.

Peut-être que vous avez essayé de rester assis en silence pendant une heure, seulement pour découvrir que c'est dans le silence que résident les monstres.

Ce livre est pour le reste d'entre nous.

Pour les gens normaux, légèrement dérangés, qui veulent toujours la paix sans avoir à feindre l'illumination spirituelle.

Je promets que ce n'est pas du flamboiement.

C'est à propos d'outils pratiques.

Il s'agit de psychologie qui fonctionne dans une vie bruyante.

Nous allons arrêter d'essayer d'être parfaits.

Nous allons cesser d'essayer de tout contrôler.

Nous allons juste apprendre à baisser le volume de ce truc.

Bienvenue dans le code.

# TABLE DES MATIÈRES

# INTRODUCTION

## LA VÉRITÉ CHOC SUR POURQUOI L'« ILLUMINATION SPIRITUELLE » ÉCHOUE CHEZ LES GENS NORMAUX (ET LE MANUEL SIMPLE QUI FIXE VOTRE ESPRIT EN DÉSORDRE)

Nous devons parler de votre cerveau.

Pas des parties intelligentes. Pas des parties géniales qui résolvent des problèmes impossibles au travail.

Je parle de la partie qui agit comme un détecteur de fumée défectueux.

Il crie quand rien ne brûle. Il hurle à propos des choses qui se sont produites il y a cinq ans. Il crie sur des scénarios catastrophes qui ont 0,01 % de chances de se réaliser.

Cette vigilance incessante vous garde en alerte. Mais elle ne vous garde pas en sécurité.

Elle vous garde juste fatigué. Épuisé jusqu'à la moelle.

Le monde nous a convaincus que nous avons besoin de solutions spirituelles grandioses et radicales pour ce vacarme. Ils disent que vous devez ascensionner. Ils vous disent de méditer pendant huit heures par jour. Nous sommes sous pression pour aller vivre dans une grotte, ou tout au moins, effacer nos personnalités désordonnées et compliquées.

C'est un mensonge. C'est un mythe vendu par des personnes qui ne comprennent pas les véritables exigences d'une vie normale.

Vous pouvez garder votre personnalité. Vous pouvez garder votre vie. Vous pouvez garder votre ambition et votre sarcasme.

Ce dont nous avons besoin n'est pas de l'illumination. Nous avons besoin d'un meilleur système d'exploitation.

Nous devons cesser de prendre le bruit interne au sérieux. Nous devons voir nos pensées pour ce qu'elles sont : de vieilles données, des échos de peur et de la statique électrique.

Nous devons apprendre, avec une précision chirurgicale, où se situe réellement notre pouvoir. Nous devons comprendre les limites de notre influence.

Ce n'est pas un livre de développement personnel qui vous dit de sourire plus. Ce n'est pas à propos d'affirmations superficielles.

C'est un manuel. Un manuel pratique, psychologique pour le système d'exploitation humain. C'est désordonné. C'est réel. Cela fonctionne parce que cela aborde le matériel, pas les apparences.

Nous allons arrêter d'essayer de contrôler tout ce qui se passe à l'extérieur. Nous allons commencer à contrôler la seule chose qui importe : comment nous réagissons aux cris à l'intérieur.

Ça commence ici.

Reconstructons votre paix.

# CHAPTER ONE

## L'ERREUR À 9 000 $ : POURQUOI VOTRE CERVEAU AGIT COMME UN DÉTECTEUR DE FUMÉE DÉFECTUEUX (ET COMMENT CE BRUIT CHRONIQUE VOUS COÛTE TOUT)

VOTRE CERVEAU EST BRUYANT.

Pouvez-vous l'entendre en ce moment ?

C'est le comité.

Ce petit conseil hurlant qui ne se réunit jamais.

C'est la statique constante. Le bourdonnement basse fréquence de l'inquiétude qui se cache sous chaque pensée consciente.

Vous vous êtes réveillé avec. Vous avez conduit au travail avec. Vous lisez ces mots avec ce bruit de fond qui tourne.

Il n'observe pas seulement votre vie. Il la narre. Il la juge. Il critique sans cesse votre performance.

Il vous garde piégé dans un cycle d'effort mental épuisant.

Il vous dit que vous êtes fatigué. Il vous dit que vous êtes inadéquat. Il vous dit que le succès n'est possible que si vous vous inquiétez davantage.

Ce bruit est le problème.

C'est l'erreur à 9 000 $.

Pas un achat spécifique à 9 000 $. Non. C'est l'étiquette de prix cumulative et continue pour le chaos mental chronique.

C'est le coût du sommeil perdu. L'énergie gaspillée sur des débats qui n'ont eu lieu que dans votre tête. Les opportunités que vous avez manquées parce que la voix intérieure a fabriqué une évaluation de risque terrifiante.

Ce bruit est coûteux. Il vous coûte de la clarté. Il vous coûte de la patience. Il vous coûte des connexions.

Pourquoi écoutons-nous la pire voix dans la pièce ?

C'est déconcertant, n'est-ce pas ?

Si vous invitiez cinq personnes dans votre salon pour discuter de votre avenir, et que l'un d'eux se mettait à crier des absurdités apocalyptiques, vous appelleriez la sécurité.

Vous mettriez cette personne à la porte.

Cependant, lorsque cette voix vit dans votre crâne, nous lui accordons une autorité absolue. Nous la laissons dicter notre état émotionnel. Nous traitons ses hurlements comme une vérité sacrée.

Nous avons besoin d'une meilleure métaphore pour ce qui se passe là-haut.

It’s not some grand spiritual deficiency. You aren’t fundamentally broken.

Votre matériel est juste désaligné.

Votre cerveau est un détecteur de fumée. Un modèle très ancien et extrêmement sensible.

Sa seule mission est la survie. Il scanne l'environnement à la recherche de menaces. Feu. Prédateurs. Rejet social.

Lorsqu'il détecte quelque chose, n'importe quoi — une ombre, un changement subtil de routine, un souvenir — il crie. Il active le protocole d'alarme.

Cela fonctionnait à merveille dans la savane. Vos ancêtres étaient reconnaissants envers cet avertisseur.

Il a sauvé leurs vies de réelles incendies physiques.

Mais vous ne vivez plus dans la savane.

Vous vivez dans un monde d'hypothèques et d'emails et de petits embouteillages.

Le feu est parti. La menace physique est largement neutralisée.

Mais le détecteur de fumée reste. Et il fonctionne mal.

Il hurle parce que votre patron a utilisé deux points à la place de trois dans un message instantané.

Il hurle parce que vous vous êtes souvenu de quelque chose de gênant de 2012.

Il crie à propos de possibles crises géopolitiques sur lesquelles vous n'avez aucun contrôle.

Il crie au sujet du pain qui brûle légèrement dans la cuisine.

Ce bruit chronique est conçu pour vous garder en alerte. Il réussit magnifiquement cela.

Mais il ne vous garde pas en sécurité. Il vous garde juste fatigué.

Vous êtes constamment en état d'alerte. Toujours.

Votre système nerveux reçoit constamment des informations à fort volume : DANGER ! DANGER ! RÉPARER CELA !

Mais il n'y a rien à réparer. Pas pour l'instant.

Nous dépensons 80 % de nos ressources mentales à réagir à des choses qui ont déjà eu lieu ou à des choses qui ne se produiront probablement jamais.

Nous combattons des fantômes avec une énergie réelle.

Pensez à l'énergie nécessaire pour simuler une dispute complète avec votre partenaire, avec le ton, les expressions et les contre-arguments. Vous sentez la tension physique, n'est-ce pas ?

Vous brûlez des calories pour un événement qui est 100 % fabriqué.

C'est le prix du détecteur de fumée défaillant.

Nous croyons que ce bruit est nécessaire. C'est la tromperie fondamentale.

Nous confondons l'anxiété avec le zèle.

Nous pensons : Si je m'inquiète suffisamment, je serai préparé à tout.

C'est vrai ?

Votre inquiétude a-t-elle déjà véritablement résolu un problème complexe ?

Ou la solution est-elle apparue lorsque vous avez enfin cessé de vous inquiéter, pris une profonde inspiration et pensé clairement ?

L'inquiétude n'est pas une réflexion. L'inquiétude est une rumination.

L'inquiétude est la boucle cyclique et non productive qui offre l'illusion de progrès.

On dirait du travail. Alors nous la tolérons. Nous la respectons même.

Nous nous qualifions de « penseurs profonds » ou de « planificateurs prudents ».

Mais de quoi sommes-nous prudents ? Qu'est-ce que nous planifions vraiment ?

Nous planifions principalement la catastrophe. Nous répétions l'échec.

Et nous le faisons de manière épuisante.

Le bruit est improductif.

Soyons franc à ce sujet. Aucun des boucles d'anxiété chronique que vous faites chaque jour ne contribue réellement à votre santé, votre richesse ou vos relations.

Ils soustraient activement aux trois.

Ils vous empêchent de voir des solutions simples. Ils obscurcissent votre jugement. Ils vous rendent irritable.

Le comité hurlant ne fournit pas d'informations précieuses. Il crée juste des hormones de stress.

Cependant, nous le protégeons. Nous le nourrissons. Nous le laissons dominer notre espace intérieur.

Le coût de cette vigilance n'est pas seulement psychologique.

Il est intensément physique.

Vivre dans un état d'alerte chronique signifie que votre corps n'entre jamais en mode véritable repos et digestion.

Votre digestion souffre. Votre sommeil est fracturé. Votre système immunitaire est constamment distrait par des menaces fantômes.

Vous vous sentez dispersé. Vous vous sentez nerveux. Vous vous sentez constamment pressé, même quand vous n'avez nulle part où aller.

Pourquoi ?

Parce que l'alarme continue de sonner. BIP ! BIP ! L'avenir pourrait être mauvais ! BIP ! BIP ! Souvenez-vous de ce que vous avez dit d'embarrassant !

Votre corps réagit à ce bruit comme si un ours vous poursuivait.

La montée d'adrénaline est réelle. La tension musculaire est réelle.

Mais la source est fabriquée. La menace est dans la chambre d'écho de votre propre esprit.

Nous devons cesser de confondre penser avec souffrir.

Vous pouvez penser clairement sans que le volume soit au maximum.

En fait, vous ne pouvez penser clairement que lorsque le volume est réduit.

En ce moment, vous essayez de naviguer dans votre vie avec une radio diffusant du statique à des niveaux assourdissants. Vous entendez à peine les instructions du GPS. Vous continuez à prendre de mauvais tournants. Vous continuez à heurter de petits obstacles.

Ensuite, vous vous blâmez d'être un mauvais conducteur.

Le problème n'est pas le conducteur. C'est l'environnement. C'est le bruit.

Pensez au nombre incroyable de pensées qui traversent votre esprit en une journée. Des milliers. Des dizaines de milliers.

Combien d'entre elles sont constructives ?

Combien ne sont que des rediffusions de vieux scripts ? Combien sont des fictions spéculatives d'une catastrophe à venir ?

Si vous suiviez l'utilité réelle de votre bavardage mental, vous seriez horrifié.

La plupart d'entre elles sont des déchets. La plupart d'entre elles sont de l'ordure. La plupart d'entre elles sont le détecteur de fumée testant sa batterie toutes les six minutes, juste pour être sûr.

Et voici l'erreur cruciale. Le défaut central du système d'exploitation humain.

Nous personnalisons le bruit.

Lorsque l'alarme hurle, nous fusionnons instantanément avec le cri.

La pensée s'élève : Je pourrais perdre mon emploi.

Et immédiatement, nous devenons la personne qui perd son emploi. Nous ressentons la honte. Nous ressentons la panique. Nous commençons à écrire le discours de démission dans notre tête.

La pensée est un événement. Mais nous la considérons comme notre identité.

Nous la traitons comme la réalité absolue.

C'est la clé pour échapper à l'erreur de 9 000 $.

Vous devez reconnaître que le bruit n'est pas vous.

Ce n'est qu'un événement en vous.

C'est un produit de votre matériel évolutif exécutant un logiciel obsolète. C'est un comité de voix paniquées, bien intentionnées mais totalement destructrices.

Nous leur avons accordé trop de pouvoir.

Imaginez une rue animée en ville.

Des voitures klaxonnent. Des gens crient. Des sirènes hurlent.

Votre esprit est cette rue. C'est chaotique.

Mais vous, le soi essentiel, êtes sur le trottoir, observant le chaos.

Vous n'êtes pas la sirène. Vous n'êtes pas la voiture qui klaxonne.

Vous êtes l'observateur. Vous êtes l'auditeur.

Mais pendant des années, vous êtes entré dans la rue, avez attrapé la sirène la plus forte et crié : "Ceci est moi !"

Cette confusion est la raison pour laquelle toutes les formes traditionnelles d'« auto-assistance » échouent pour les personnes normales et occupées.

Ils exigent du silence. Ils exigent l'effacement spirituel. Ils vous disent de vider la rue.

C'est insoutenable. La rue sera toujours là. La vie est bruyante.

Nous n'allons pas essayer d'atteindre un silence parfait.

Nous allons faire quelque chose de beaucoup plus pratique.

Nous allons apprendre à gérer la rue de la ville sans nous jeter devant le bus.

Nous allons apprendre à entendre les sirènes sans fusionner avec elles.

Nous allons trouver le bouton de volume.

Le bruit est épuisant. Le bruit est improductif.

Il est temps d'accepter le diagnostic : Vous avez un cerveau de détecteur de fumée qui ne fonctionne pas.

Et cela vous coûte tout.

La première étape vers la paix est de comprendre exactement pourquoi ce bruit est si persistant. C'est profondément programmé.

Découvrons le piège évolutif qui maintient votre cerveau obsédé par la recherche de problèmes, même quand tout est calme.

## REVEALED: THE EVOLUTIONARY TRAP THAT MAKES YOUR BRAIN OBSESSED WITH FINDING PROBLEMS (AND THE 'BOREDOM TRIGGER' THAT GUARANTEES ANXIETY)

VOTRE CERVEAU A ÉVOLUÉ DANS LA JUNGLE.

Il n'a pas évolué pour la détente.

C'était un outil de survie.

Son directive principale était simple : Scruter les menaces.

Trouver le problème. Résoudre le problème. Vivre un jour de plus.

Ce système fonctionnait parfaitement.

Nous avons survécu aux mammouths laineux. Nous avons déjoué les lions. Nous sommes devenus le sommet de la chaîne alimentaire. Mais le scanner n'a jamais reçu la note.

L'environnement de menace a changé. Nous vivons maintenant dans des maisons sûres. Nous avons suffisamment de nourriture. Le véritable danger existentiel a largement disparu.

Mais le cerveau est une machine axée sur les processus. Il exige des données. Il exige des problèmes. Il fonctionne sur l'anticipation.

Il ne peut tout simplement pas rester silencieux. Il ne peut être satisfait de la neutralité. Si vous ne lui donnez pas un défi, il en créera un.

C'est le piège évolutif.

Le système est calibré pour une vigilance élevée. Lorsque de véritables menaces disparaissent, cette vigilance se tourne vers l'intérieur. Elle a besoin d'un sujet. Elle a besoin d'un projet.

Elle devient obsédée par la recherche de micro-problèmes.

Elle dissèque un e-mail maladroit d'il y a trois jours. Problème identifié. Elle prévoit une ruine financière dans dix ans. Problème identifié. Elle passe en revue la pire conversation que vous ayez jamais eue. Problème identifié.

Elle fonctionne. Elle remplit sa fonction. Elle résout des problèmes qui n'existent pas.

Le Déclencheur de l'Ennui

C'est ici que commence la véritable anxiété moderne. Elle est déclenchée par un manque d'urgence.

Lorsque votre vie se fixe dans une routine prévisible, votre cerveau perçoit cela comme un défaut. La prévisibilité ressemble à de la vulnérabilité.

Un esprit calme, pour le cerveau primal, signifie que vous baissez votre garde. Il envoie un signal d'alarme. Il commence à crier des avertissements.

Ce bruit fabriqué est le déclencheur de l'ennui.

Le cerveau dit : Nous ne sommes pas assez occupés. Nous n'anticipons pas suffisamment de danger. Accélérez ! Trouvez la menace !

Le sentiment d'anxiété n'est souvent rien d'autre que l'énergie d'une machine puissante exigée d'input. Elle a besoin de quelque chose à traiter.

Si vous lui donnez du silence, elle panique. Elle perçoit le silence non pas comme de la paix, mais comme un vide suspect. Elle commence immédiatement à remplir ce vide avec des scénarios catastrophiques.

C'est fondamentalement un ordinateur de résolution de problèmes fonctionnant sans aucun problème externe. Elle refuse de s'éteindre.

Elle commence à travailler sur le système d'exploitation lui-même. Elle trouve des défauts dans votre caractère. Elle trouve des défauts dans vos relations. Elle génère des crises où il n'y en avait pas il y a dix minutes.

Vous n'êtes pas anxieux parce que vous êtes faible. Vous êtes anxieux parce que votre mécanisme de survie est trop efficace. Il a été trop développé.

Et il est profondément, profondément ennuyé.

Il exécute une simulation de catastrophe juste pour garder les lumières allumées. C'est le bruit que nous devons apprendre à gérer. C'est la vérité du piège évolutif.

## LA LIGNE SECRÈTE : COMMENT PASSER DE LA PLANIFICATION PRODUCTIVE À LA RUMINATION DESTRUCTIVE EN 17 SECONDES CHRONO

Nous devons parler de la productivité par rapport à la destruction.

Votre cerveau aime vous tromper ici. Il cache ses cycles les plus obsédants sous le masque amical de "préparation" ou de "diligence raisonnable".

Vous commencez à planifier. Vous êtes intelligent. Vous êtes responsable. Vous détaillez le budget, ou listez les étapes d'un projet complexe, ou pensez à la conversation à venir avec votre patron. C'est bien. La planification est utile. Elle fait avancer les choses.

Mais il y a un piège.

La ligne secrète est invisible. Elle est fine, comme du fil de pêche. Et la franchir prend moins de 17 secondes.

Voici la différence, résumée à son essence :

La planification productive cherche des réponses.

La rumination destructive cherche la certitude.

Pensez à une conversation difficile que vous devez avoir. Disons avec un membre de la famille ou un collègue.

La planification productive signifie que vous vous asseyez et que vous énumérez les faits. Vous notez les trois points clés que vous souhaitez transmettre. Vous considérez le meilleur résultat possible et le pire résultat possible. Vous décidez de vos limites.

Ensuite, de manière cruciale, vous vous arrêtez. Vous avez un plan. Vous avez de l'utilité.

La rumination destructrice commence lorsque vous avez terminé ces étapes, mais au lieu de vous arrêter, votre cerveau appuie sur le bouton de répétition.

Vous commencez à inventer un dialogue. Vous entendez leur voix devenir défensive. Vous sentez la chaleur dans votre poitrine. Vous passez de la concentration sur la prochaine action que vous pouvez entreprendre à la concentration sur toutes les choses que vous ne pouvez pas contrôler.

Voici le changement. C'est le pivot de 17 secondes de l'utilitaire à l'obsession.

La question que vous posez en planifiant est : Que dois-je faire maintenant ?

La question que vous posez en rumination est : Que faire si je ne peux pas gérer ce qui se passera plus tard ?

Vous ne résolvez plus un problème. Vous narriez un désastre.

Regardons un exemple commun et quotidien : La grande présentation de la semaine prochaine.

Planification : Vous bloquez deux heures mardi pour créer le diaporama. Vous pratiquez l'introduction une fois. Vous révisez les données. Vous vérifiez le créneau horaire. C'est fait. Vous avez maximisé votre influence sur le résultat.

Rumination : Vous vérifiez le diaporama toutes les dix minutes. Vous imaginez oublier vos répliques. Vous imaginez le PDG avoir l'air ennuyé. Vous commencez à rechercher des carrières alternatives au cas où cette présentation se passerait terriblement mal. Vous passez en revue tous les échecs de présentations passées que vous avez jamais vécus.

Voyez-vous la distinction ?

La phase de planification est finie. Elle nécessite des efforts, mais elle produit des étapes concrètes.

La phase de rumination est infinie. Elle nécessite de l'épuisement, mais elle ne produit rien d'autre que de l'anxiété.

Vous courez le même scénario défaillant encore et encore, non pas parce que vous avez besoin de nouvelles données, mais parce que vous essayez de forcer un résultat émotionnel : un sentiment de sécurité.

Vous voulez que le cerveau bruyant vous promette que l'avenir sera bon. Et parce que l'avenir ne peut pas faire cette promesse, votre cerveau continue à répéter le script, croyant que s'il s'inquiète suffisamment, la certitude apparaîtra.

Elle n'apparaît jamais.

La ligne secrète est franchie au moment où la boucle de pensée commence à se répéter sans ajouter une seule nouvelle étape actionnable.

C'est quand vous passez de l'écriture de la présentation à l'exécution mentale des funérailles de votre carrière. Ce changement est instantané. Nous le faisons tous.

Notre travail, à partir de maintenant, est d'apprendre à reconnaître quand nous n'utilisons plus l'outil pour produire, mais pour générer de la douleur. Lorsque vous voyez ce changement – lorsque la réponse devient répétitive – la planification est terminée. Il est temps de poser l'outil.

## LE TRUC STOIC QUI SÉPARE INSTANTANÉMENT VOTRE IDENTITÉ DU BRUIT (NE CROYEZ PAS QUE LE COMITÉ ENRAGÉ EST VOUS)

C'EST LA DISTINCTION LA PLUS IMPORTANTE QUE VOUS FEREZ JAMAIS.

C'est le cœur de toute la santé mentale.

Vous n'êtes pas la voix dans votre tête.

Laissez cela s'imprégner un moment.

Le monologue constant et enragé n'est pas vous. C'est simplement un événement. C'est quelque chose qui vous arrive, ou qui se passe autour de vous.

C'est du bruit.

La plus grande erreur que font des gens normaux et fonctionnels est de croire que le comité enragé est leur identité. Nous fusionnons avec les pensées. Nous nous unissons à la peur. Nous devenons la narration.

Je ne vaut rien.

Je vais échouer.

Je suis en colère.

Lorsque vous utilisez le verbe "être" en lien avec un jugement, vous perdez instantanément le combat. Vous vous abandonnez à votre souveraineté.

Vous êtes la conscience qui observe le bavardage. Vous êtes l'espace dans lequel les pensées se produisent.

Les Stoïciens ont maîtrisé cette séparation il y a des siècles. Ils comprenaient que l'esprit produit des pensées de la même manière que le système digestif produit des gaz. C'est un sous-produit biologique de la machine. C'est souvent nécessaire, parfois utile, et fréquemment désagréable.

Mais ce n'est jamais vous.

Le truc est simple. Il utilise l'observation comme un pied-de-biche psychologique.

Vous devez prendre du recul. Vous devez identifier la séparation entre le "je" et la pensée.

Quand une vague de panique arrive, vous arrêtez la déclaration interne : "Je panique."

Au lieu de cela, vous adoptez une déclaration d'observateur neutre. Cela crée un espace immédiat et essentiel.

Je remarque la sensation de panique.

J'ai la pensée que je vais échouer.

Je reconnais le sentiment de défensivité qui monte dans ma poitrine.

Ce changement linguistique change tout. Il redéfinit l'événement d'une caractéristique déterminante à une expérience interne passagère.

Imaginez que vous êtes sur le trottoir. Un train passe à toute vitesse, bruyant et agressif. Vous entendez le bruit. Vous ressentez la vibration. Vous rcconnaisscz lc train.

Mais vous ne sautez pas sur la voie. Vous ne décidez pas soudainement que vous êtes le train.

Votre monologue interne - votre critique intérieur, votre planificateur paranoïaque, votre machine à ressasser - est ce train. Il traverse la gare de votre esprit à toute allure.

Votre identité est le trottoir. Solide. Immuable. Observateur.

C'est la clé. Vous êtes l'observateur. Vous êtes la conscience qui témoigne du bruit.

Les pensées sont des événements.

Ils passent. Ils arrivent. Ils partent.

Ils ne nécessitent aucune réponse.

Ils ne demandent aucune action.

Vous n'êtes pas obligé de croire au train juste parce qu'il est bruyant.

Pratiquez cette séparation sans pitié. Chaque fois que vous vous surprenez à vous définir par une pensée négative - "Je suis improductif" - pivotez immédiatement.

Dites-le à voix haute si vous le devez.

"Ah, voilà la pensée, me disant que je suis improductif."

Remarquez la différence. Vous avez instantanément dépouillé la pensée de son autorité. Vous l'avez placée en dehors des limites de votre soi central.

Ce n'est pas l'illumination spirituelle. C'est une séparation psychologique tactique. C'est le truc qui empêche le bruit de prendre possession de la pièce.

Le comité enragé n'est pas vous. C'est juste votre système d'exploitation qui exécute un logiciel périmé et frénétique.

Votre travail est de mettre à jour le logiciel, pas de devenir le bogue. Votre identité est silencieuse. Votre valeur est fixe. C'est la conscience qui reste quand le bruit a disparu.

Commencez à agir comme l'observateur silencieux et puissant que vous êtes vraiment. Laissez le train passer. Restez sur le trottoir.

## POURQUOI VOUS ÊTES À BOUT DE NERFS : LE COÛT PHYSIQUE, ÉMOTIONNEL ET FINANCIER D'UNE ALERTE CHRONIQUE ÉLEVÉE

Vous vous sentez creux.

Épuisé.

Comme une batterie d'ordinateur portable coincée en permanence à trois pour cent.

Vous n'êtes pas paresseux. Vous n'êtes pas faible. Vous êtes simplement épuisé par une guerre que vous ne pouvez pas gagner. Une guerre où l'ennemi diffuse constamment des interférences depuis l'intérieur des fils.

Pourquoi êtes-vous à bout de nerfs ?

Parce que vous vivez en alerte chronique élevée. Votre cerveau est convaincu que le désastre est imminent, à chaque instant. Cette alarme incendie défectueuse crie à propos de choses qui se sont produites il y a cinq ans, ou de choses qui pourraient se produire l'année prochaine, ou de choses qui ne sont même pas réelles.

Le corps croit à l'alarme.

Votre chimie interne est inondée des hormones de réponse d'urgence : le cortisol et l'adrénaline. Pas pendant trente secondes, mais pendant trente jours. Pendant trois cents jours. Votre système est constamment en train d'accélérer, anticipant une collision qui n'arrive jamais.

Cela a un coût physique. Un coût lourd, douloureux, écrasant.

Votre sommeil est léger. Vous vous réveillez fatigué parce que votre cerveau a passé la nuit à répéter des scénarios catastrophiques. Vos muscles sont tendus. Vous portez la tension dans votre cou et vos épaules comme deux poids en béton. Vous êtes en permanence préparé à l'impact.

L'alerte élevée détruit la digestion. Elle supprime votre système immunitaire. Vous tombez plus facilement malade. Vous ressentez cette fatigue sourde que seule une quantité incroyable de café peut atténuer. Ce n'est pas du stress. C'est une fatigue biologique résultant d'un dialogue interne mal géré.

Vos pensées vous coûtent votre santé physique.

Le prix émotionnel est tout aussi dévastateur.

Lorsque vous combattez une guerre invisible dans votre tête, il ne reste plus de bande passante pour la patience. Pour la gentillesse. Pour la joie.

Vous devenez cassant.

Vous vous emportez contre les personnes que vous aimez le plus parce que votre réservoir de réserve est à sec. Chaque conversation semble être une invasion de votre espace mental limité. Vous commencez à voir votre partenaire, vos enfants ou vos collègues comme des problèmes supplémentaires que vous devez résoudre ou gérer, au lieu de sources de connexion.

L'alerte élevée érode l'intimité. Elle détruit la confiance.

Si vous vous attendez toujours à une trahison, un désastre ou un échec, c'est la seule réalité que vous serez capable de voir. Vous êtes trop occupé à essayer d'anticiper l'effondrement de la relation pour réellement profiter de la relation qui tient.

Et oui, il y a un coût financier.

Le bruit ruine la concentration. L'anxiété chronique fait de vous un penseur stratégique terrible. Cela vous force à prendre des décisions impulsives à court terme. Vous perdez en productivité au travail parce que vous dépensez 30 % de votre énergie à ressasser vos inquiétudes. Vous manquez les grandes opportunités parce que votre vision est assombrie par de petites peurs.

Vous achetez des solutions rapides. Les vacances coûteuses que vous ne pouvez pas apprécier. La thérapie de vente au détail qui dure deux heures. Les suppléments promettant de l'énergie que vous êtes physiologiquement incapable de produire tant que l'alarme retentit encore.

Vous essayez inconsciemment d'acheter votre chemin hors d'un état d'alerte élevé.

Nous devons nous arrêter. Nous devons examiner la dette cumulée. La dette des nuits sans sommeil. La dette des relations tendues. La dette des opportunités manquées.

C'est le véritable coût d'écouter le comité hurlant. Vous êtes à court d'énergie parce que vous avez accordé à la voix la plus bruyante et destructrice de la pièce une consommation d'énergie illimitée.

Il est temps de couper l'alimentation.

# CHAPTER TWO

## LE CODE DE DÉFUSION DES PENSÉES™ : COMMENT ENTENDRE LA VOIX SANS CROIRE AU MENSONGE

D'ACCORD. LE CHAPITRE UN ÉTAIT LE DIAGNOSTIC.

Nous savons que votre cerveau est un désordre chaotique.

Nous savons que c'est épuisant.

Nous savons que cela vous coûte du temps, de l'argent et du sommeil.

Nous en venons maintenant au travail proprement dit.

C'est le moment où nous arrêtons d'analyser le bruit.

Nous commençons à construire la cage pour cela.

Nous introduisons le Code de Défusion des Pensées™.

Si vous voulez la définition académique, c'est un composant essentiel de la Thérapie d'Acceptation et d'Engagement (ACT). Mais nous ne faisons pas de thérapie ici. Nous faisons de l'entretien mental. Nous réalisons une chirurgie sur votre système d'exploitation.

Ce n'est pas de la méditation.

C'est de l'aïkido mental.

C'est une compétence spécialisée développée pour les gens normaux et désordonnés.

Le but n'est pas d'arrêter les pensées.

C'est impossible.

Essayer d'arrêter une pensée, c'est comme essayer d'arrêter l'océan avec un chinois. Vous vous fatiguez et vous vous mouillez.

Le but est simple : Cesser de croire aux pensées.

Cesser de traiter le bruit mental comme une vérité évangélique.

La raison pour laquelle vous êtes épuisé, c'est que vous êtes fusionné.

FUSION.

Pensez à la fusion comme une identification instantanée et totale. Quand une pensée effrayante ou critique apparaît, vous n'entendez pas une pensée. Vous entendez un fait. Vous entendez une règle. Vous entendez une prophétie de malheur.

La pensée est : "Je suis un imposteur."

Vous ressentez : "Je suis un imposteur."

La pensée dit : "Tu n'aurais pas dû dire ça, tu as tout gâché."

Vous paniquez : "J'ai tout gâché."

Dès que la pensée arrive, tout votre corps et votre système nerveux réagissent comme si l'urgence était réelle. Vous fusionnez avec le langage. Vous devenez la phrase.

Vous traitez la carte mentale comme le territoire réel.

Cela se produit dix-sept mille fois par jour. Nous le faisons parce que nous sommes des créatures basées sur le langage. Nos cerveaux utilisent des mots pour survivre. Nous avons appris très tôt que si les mots disent "Ours !" ou "Feu !", vous courez. Vous ne faites pas de pause et ne dites pas, "Je remarque que j'ai la pensée qu'un ours est présent."

C'était utile quand les ours étaient courants.

C'est inutile lorsque "l'ours" est une conversation légèrement gênante que vous avez eue il y a trois semaines.

La fusion constante - la fusion - est ce qui vous maintient en alerte maximale. Vous ne pouvez pas vous calmer si chaque phrase que votre cerveau recrache est traitée comme une preuve légalement contraignante de votre inaptitude.

Nous avons besoin de Défusion.

La défusion est la création d'une distance psychologique.

C'est l'acte de prendre suffisamment de recul pour réaliser :

Oh. Ce n'était qu'une phrase.

Ce n'était pas un commandement.

Ce n'était pas une loi de la physique.

Ce n'était qu'une projection.

La défusion est simplement de la linguistique appliquée à votre vie intérieure. Vous changez la grammaire de votre existence. Vous changez votre relation avec le langage.

Comment faisons-nous cela ?

Ça commence par reconnaître la distinction entre la pensée elle-même et l'observateur. Le vous qui écoute.

Les stoïciens l'appelaient le centre décisionnel. Nous l'appelons L'Observateur. C'est la conscience calme et objective qui se situe derrière vos yeux. C'est le témoin constant.

Lorsque vous êtes fusionné, L'Observateur est endormi au volant. Le comité hurlant a pris le contrôle du système de sonorisation.

Notre travail est de réveiller L'Observateur.

Le plus simple outil dans le Code de Défusion™ est la Technique "Je Remarque".

Essayez cela maintenant. Choisissez une pensée intrusive qui revient souvent. Peut-être que c'est "Je ne suis pas assez bon." Peut-être que c'est "Je ne finirai jamais ça."

Ne luttez pas avec. Ne discutez pas avec. Ne vous dites pas de penser à des choses positives à la place. Cela ne fait que vous fusionner à un combat différent et tout aussi épuisant.

Au lieu de cela, enveloppez la pensée dans une phrase qui décrit le processus de pensée.

Si votre cerveau crie : "Je vais foirer cette présentation", vous changez immédiatement votre langage interne.

Il est possible de dire : "Je remarque que j'ai la pensée que je vais foirer cette présentation."

Ou même plus court : "J'ai une pensée sur le fait de foirer."

Dites-le à voix haute si vous le pouvez.

Qu'est-ce qui s'est passé ?

La pensée n'a pas disparu. Ce n'est pas le but.

Mais son emprise s'est relâchée. Son autorité a disparu.

Elle est passée d'un commandement direct—un fait urgent—à un événement reconnu. Un morceau de langage qui a simplement flotté à travers l'écran de votre conscience.

C'est la puissance de la distance.

La fusion est : Pensée = Vérité.

La défusion est : Pensée = Langage.

Ça semble simple. Mais c'est la différence entre la panique constante et l'action stable. Lorsque vous défusionnez, vous vous rappelez, moment par moment, que vous n'êtes pas ce que votre esprit dit que vous êtes.

Une autre technique essentielle dans le Code est Le Tour de Voix Mentale.

Votre cerveau est incroyablement sérieux. Le critique intérieur utilise la voix profonde, sérieuse et autoritaire d'un narrateur de documentaire. Il exige du respect. Il commande la croyance.

Nous dépouillons cette autorité avec l'absurde.

La prochaine fois que le critique intérieur crie : "Tu es sans valeur et tout le monde te déteste," faites ceci :

Entendez cette pensée avec la voix d'Elmo.

Ou peut-être avec celle d'un écureuil très anxieux.

Ou imaginez qu'elle est chantée de manière dramatique dans une voix d'opéra.

Cela semble stupide, je sais. Mais essayez.

Que se passe-t-il ? Vous riez. Peut-être juste un léger reniflement intérieur. Ce moment de rire est une défusion radicale. Cela brise instantanément l'autorité sérieuse et pesante sur laquelle la pensée s'appuie.

L'humour est une arme profonde contre le bruit. Le comité déteste être moqué. Il ne peut pas maintenir son pouvoir lorsque vous traitez ses proclamations comme une mauvaise comédie de stand-up.

Nous devons également parler des Pensées Collantes.

Certaines pensées semblent lourdes. Elles collent parce qu'elles s'attachent à des insécurités fondamentales, ou elles promettent de résoudre un problème important. Elles vous trompent en vous faisant croire que si vous ruminez plus fort, vous trouverez la solution.

Ils vous disent : "Tu dois résoudre ça tout de suite."

La fusion consiste à lutter avec la pensée jusqu'à épuisement.

La défusion consiste à traiter la pensée comme un appel de vente non sollicité.

Lorsqu'une pensée collante arrive, vous pouvez utiliser la technique du Merci.

Reconnaissez la présence de la pensée, mais rejetez son invitation à lutter.

"Merci, cerveau, j'apprécie l'avis. Pas maintenant."

"Je te vois, pensée d'inquiétude. Je vais te programmer pour plus tard."

Vous ne vous battez pas avec le contenu. Vous interrompez l'invitation.

Il est crucial de comprendre pourquoi la plupart des gens échouent à cela. Ils croient que défusionner une pensée négative signifie qu'ils méprisent un vrai problème.

"Si je ne m'inquiète pas pour mes finances, je vais faire faillite !"

C'est le mensonge central du cerveau anxieux. Il vous a convaincu que l'inquiétude est une préparation productive.

Ce n'est pas le cas.

L'inquiétude est drainante en énergie. La planification est de l'énergie dirigée.

La défusion vous permet de les séparer.

Si vous défusionnez la pensée, "Je vais définitivement manquer d'argent et vivre dans une boîte," vous créez l'espace pour poser une question beaucoup plus intéressante :

"Quelle est une étape d'action productive que je peux prendre dès maintenant concernant mes finances ?"

Voyez la différence ? La fusion vous garde paralysé par la peur. La défusion libère votre énergie pour agir selon vos valeurs, même si la pensée de peur est encore présente.

C'est la distinction clé du Code. Vous n'attendez pas que le bruit s'arrête pour commencer à vivre. Vous vivez avec le bruit.

Pensez à vos pensées comme des passagers dans un bus.

Le bus est votre vie. Vous êtes le conducteur.

La fusion est de laisser les passagers hurlants (Le Critique, Le Planner Paranoïaque) prendre le volant. Ils décident où va le bus. Et ils conduisent terriblement, souvent dans des fossés.

La défusion est de réaliser que vous êtes le conducteur. Les passagers sont toujours là. Ils sont toujours bruyants. Ils continuent de crier des suggestions, des insultes, et des avertissements désespérés. Mais leurs cris ne sont que du bruit dans la cabine.

Vous les entendez. Vous les reconnaissez.

Mais vous gardez vos mains fermement sur le volant. Vous conduisez le bus là où vous voulez qu'il aille. Vers vos valeurs.

Le but ultime du Thought Defusion Code™ n'est pas de faire taire le comité. C'est de dépouiller le comité de son pouvoir de vote.

Il s'agit de reconnaître que les pensées ne sont que du langage. Ce sont des descriptions. Ce sont des opinions. Ce sont les meilleures, mais souvent les pires, estimations du cerveau sur la réalité. Ce ne sont pas la vérité.

Ce ne sont pas qui vous êtes.

Vous entendez le mensonge. Vous reconnaissez le mensonge. Vous regardez le mensonge directement dans les yeux. Ensuite, vous déplacez vos pieds vers ce qui compte de toute façon.

Nous changeons juste trois petits mots dans votre dictionnaire intérieur :

Au lieu de "Je suis en colère", vous dites : "J'éprouve le sentiment de colère".

Au lieu de "J'ai échoué", vous dites : "J'ai la pensée que j'ai échoué".

Cela semble petit. Mais ce petit changement linguistique est ce qui permet à L'Observateur de se redresser, de s'étirer, et de reprendre le siège du conducteur.

Pratiquez ce code constamment. Pas seulement quand les grandes pensées frappent, mais aussi quand les petites le font.

« J'ai besoin de café immédiatement. »

« Je remarque que j'éprouve un fort désir de caféine. »

« Cette personne m'a regardé d'une manière étrange. »

« Je remarque la pensée que je suis jugé. »

Construisez ce muscle de séparation. Faites de la défusion votre paramètre par défaut.

La voix est toujours là. Mais maintenant c'est juste du statique en arrière-plan. C'est une radio lointaine qui joue une chanson que vous n'aimez pas. Vous n'avez pas besoin d'écouter les paroles. Vous n'avez pas besoin de changer de station. Vous ramenez simplement votre attention sur la route.

Vous décidez qui conduit. Pas le bruit.

## LE CHAMP DE FORCE INVISIBLE : 3 FAÇONS NON MÉDITATIVES DE CRÉER DE L'ESPACE ENTRE VOUS ET VOS PENSÉES LES PLUS EFFRAYANTES.

VOUS N'AVEZ PAS BESOIN DE VOUS ASSEOIR SUR UN COUSSIN.

Vous n'avez pas besoin de chanter quoi que ce soit.

Quand je parle de créer de l'espace, les gens pensent immédiatement à la méditation. Ils pensent au silence forcé. Ils pensent à des exercices de pleine conscience douloureux où le but est de vider l'esprit.

Non. Nous ne vidons pas l'esprit.

C'est comme essayer d'arrêter l'océan d'avoir des vagues. C'est futile.

Nous sommes juste en train de construire un champ de force invisible. Nous apprenons à entendre la pensée sans lui accorder automatiquement de l'autorité. Nous créons une distance subtile et immédiate entre vous et l'événement psychologique qui se produit en vous.

C'est moins une question de spiritualité et plus d'ingénierie cognitive. C'est le mouvement d'effet de levier le plus élevé que vous puissiez faire contre l'anxiété.

Voici trois façons pratiques, non méditatives, de construire ce champ de force, dès maintenant, au milieu d'un embouteillage ou d'une réunion ennuyeuse.

1. Le préfixe 'Je remarque'

C'est simple. C'est puissant. C'est le premier arrêt pour la défusion.

Quand une pensée stressante, effrayante ou autocritique apparaît, votre cerveau fusionne instantanément avec elle.

La pensée : Je vais tout gâcher.

La fusion : Vous devenez une personne qui gaffe. Vous ressentez immédiatement la honte.

Pour créer le champ de force, vous ajoutez un simple préfixe à la pensée.

Vous déclarez, silencieusement ou à voix haute :

J'ai la pensée que je vais tout gâcher.

J'ai la pensée que tout le monde me hait en secret.

Je remarque la sensation physique d'angoisse.

Vous voyez la différence ?

Quand vous dites : « J'ai la pensée », vous transformez la pensée d'une réalité active en un objet que vous observez. Ce n'est plus vous qui échouez ; c'est votre cerveau qui génère un morceau spécifique de données.

Vous devenez la personne qui observe le comité au lieu d'être contraint de présider la réunion.

Cela prend moins d'une seconde. Cela n'exige aucun yeux fermés. C'est de la pure distance. Cela vous déplace du contenu de la pensée au processus de pensée.

Vous n'êtes pas la pensée. Vous êtes celui qui remarque la pensée. Pratiquez cela quand les enjeux sont bas - au moment où vous pensez, J'ai oublié le lait, ajoutez immédiatement le préfixe : Je remarque la pensée que j'ai oublié le lait. Renforcez le muscle quand c'est facile, pour qu'il soit fort quand les vrais monstres arrivent.

2. Le Hack de la Station de Radio Mentale

Votre voix intérieure est implacable. Elle agit comme une station de radio cassée qui ne diffuse que du statique, de la fatalité et de la honte rétrospective.

Quand une pensée profondément effrayante - peut-être à propos d'un problème de santé futur ou d'une erreur relationnelle passée - commence à dominer, traitez-la comme de la pollution sonore.

Vous n'avez pas besoin de vous battre. Vous n'avez pas besoin de changer de chaîne. Vous devez juste ajuster le volume.

Imaginez que vos pensées sont diffusées d'un haut-parleur juste à côté de votre oreille. C'est la fusion. C'est un volume élevé.

Pour créer de l'espace, vous décidez simplement de déplacer le haut-parleur.

Une pensée effrayante arrive. Au lieu de vous engager avec le contenu (par exemple, argumenter, essayer de résoudre la crise hypothétique), vous l'externalisez.

Visualisez la pensée émanant d'une vieille radio sur la haute étagère de la pièce. La voix continue de parler, mais maintenant c'est distant. C'est légèrement flou.

Peut-être imaginez-vous la pensée sur un petit écran de télévision noir et blanc à 6 mètres de là. Vous pouvez voir le texte - l'avertissement, la critique - mais cela ne consomme pas tout votre champ de vision.

La clé ici est la non-engagement. Vous ne prenez pas la radio et ne la cassez pas. Vous n'essayez pas de crier par-dessus la télévision. Vous reconnaissez simplement qu'elle joue en arrière-plan pendant que vous continuez à faire ce que vous devez faire (comme conduire, travailler ou préparer du café).

Cela vous entraîne à l'attention sélective. La pensée est présente. Mais vous choisissez d'allouer 5 % de votre capacité de traitement au son, plutôt que 100 %.

3. Le Déflaté de Voix de Dessin Animé

Qu'est-ce qui donne à une pensée négative son pouvoir ?

Le sérieux.

L'anxiété et l'autocritique prospèrent sur la gravité. Elles exigent que vous les traitiez comme des avertissements de vie ou de mort, même lorsqu'il s'agit de choses triviales.

Si vous pouvez instantanément dégonfler le sérieux de la pensée, vous paralysez son pouvoir de commander votre comportement.

C'est le hack le plus rapide et le plus drôle pour la défusion, et cela fonctionne parce que cela exploite la partie de votre cerveau qui sait différencier la réalité de l'absurde.

Le cerveau crie : Vous êtes complètement mal préparé pour cette présentation. Vous serez exposé comme un fraudeur.

Dans cette fraction de seconde, entendez cette pensée délivrée dans la voix de quelqu'un d'absolument ridicule.

Essayez-la dans la voix d'Elmo. Essayez-la dans la voix d'un plongeur en haute mer sous l'eau. Essayez-la chantée comme un chanteur d'opéra lamentant un chiot perdu.

Ou, mon préféré personnel : délivrez la critique dans la voix tonitruante et exagérée d'un annonceur de bande-annonce de film des années 1940.

« Dans un monde où un homme a oublié d'appuyer sur 'envoyer' sur l'email... sa vie ne sera plus jamais la même ! Bientôt dans un cinéma près de chez vous, l'échec ultime ! »

Lorsque vous faites cela, vous ne pouvez pas rester fusionné avec la pensée. Le sérieux s'effondre instantanément en un rire.

Le rire est le meilleur outil de défusion cognitive. Il prouve à votre système nerveux que la menace n'est en fait pas une menace du tout. C'est un drame psychologique que vous avez juste casté avec des acteurs totalement inappropriés.

Ces trois méthodes - le préfixe, la station de radio et la voix de dessin animé - sont votre champ de force invisible. Elles nécessitent zéro silence et zéro respiration profonde. Ce sont des éditions mentales que vous effectuez en pleine phrase.

Commencez à les utiliser aujourd'hui. Vous serez surpris de voir à quelle vitesse le comité se tait lorsque vous cessez de les laisser s'asseoir à la tête de la table.

## CHOQUANT : LA PLUPART DES PENSÉES INTRUSIVES SONT ALIMENTÉES PAR DES ÉMOTIONS MAL IDENTIFIÉES (LE CONTRÔLE DIAGNOSTIQUE QUI LES ÉTEINT)

Nous croyons que nos pensées intrusives sont des problèmes que nous devons résoudre.

Nous les traitons comme des menaces très détaillées.

Nous analysons le contenu. Nous discutons avec la logique. Nous essayons de prouver qu'elles ont tort.

Ceci est l'erreur centrale.

La grande majorité des pensées vraiment perturbantes, répétitives et intrusives ne sont pas alimentées par la logique. Elles sont alimentées par des émotions mal identifiées.

Ce sont des symptômes, pas la maladie.

Considérez le sentiment de malaise généralisé, de faible intensité. Peut-être est-ce une oppression dans la poitrine. Peut-être est-ce un fourmillement dans vos mains. Peut-être est-ce simplement une agitation persistante et irritante.

Nous sommes terribles pour identifier ce que ce sentiment est réellement.

C'est de la frustration ? C'est de la honte ? C'est un chagrin de faible intensité ?

Si vous ne donnez pas à cette énergie interne un nom précis et honnête, votre cerveau panique.

Votre cerveau est une machine à raconter des histoires. Il déteste l'ambiguïté plus que tout. Il voit cette énergie émotionnelle inconfortable assise là, sans nom, et suppose qu'il doit y avoir une catastrophe pour l'expliquer.

Il génère un récit correspondant à l'intensité du sentiment.

Il dit : "Pourquoi est-ce que je ressens cela ? Je dois ressentir cela parce que j'ai gâché ma relation. Je dois ressentir cela parce que je vais sûrement échouer au cours des cinq prochaines années."

Ce récit devient la pensée intrusive.

La pensée n'est pas la cause profonde. La pensée n'est qu'une tentative maladroite du cerveau de traduire un signal émotionnel brut en une histoire reconnaissable.

Le malaise est venu en premier. L'histoire est venue en second.

Le choc ici est que vous dépensez toute votre énergie à combattre l'histoire, qui n'est que de la fumée. Vous ne vous attaquez jamais au feu, qui est l'émotion non nommée.

Alors, comment l'éteindre ? Vous réalisez un contrôle diagnostique.

Vous devez arrêter de demander : "Que signifie cette pensée ?"

Vous devez commencer à demander : "Quelle émotion alimente ce bruit ?"

La prochaine fois qu'une horrible pensée—un rappel de honte, une prédiction de catastrophe, une vague d'auto-critique—vous assaille, faites une pause.

Ne vous engagez pas dans le contenu.

Posez-vous plutôt ces quatre questions précises :

1. Si je dépouille les mots et le récit, quel est le sentiment brut ? (Est-ce de la colère ? Est-ce de la tristesse ? Est-ce de la déception ?)

2. Où se trouve cette émotion dans mon corps en ce moment ? (Est-ce un sentiment lourd dans mon ventre ? Est-ce une tension dans ma mâchoire ?)

3. Quel âge a ce sentiment ? (Est-ce que cette honte ressemble à un échec d'adulte, ou ressemble-t-elle à un enfant de neuf ans qui se fait crier dessus ?)

4. La pensée que j'ai en ce moment est-elle vraiment un avertissement au sujet d'un événement futur, ou n'est-ce qu'une explication que mon cerveau a créée pour l'anxiété que je ressens déjà ?

Le plus souvent, la pensée intrusive est simplement l'explication.

Quand vous réalisez que la peur paralysante au sujet de votre carrière est en fait une traduction de l'épuisement profond que vous ressentez en travaillant soixante heures par semaine, la pensée perd de son pouvoir.

Le cerveau pensait que l'épuisement signifiait échec. La pensée a dit : "Quitte maintenant avant qu'ils ne réalisent que tu es incapable."

Mais le sentiment n'était que le besoin profond et corporel de repos.

Vous n'avez pas besoin de résoudre le récit de crise. Vous devez nommer la réalité émotionnelle.

Une fois que vous nommez la vraie émotion—l'épuisement, le chagrin, le simple ennui—l'énergie alimentant l'histoire intrusive se dissipe souvent immédiatement. Le cerveau dit : "Oh. D'accord. Ce n'est que de la fatigue. Pas la fin du monde."

Le contrôle diagnostique vous oblige à séparer le sentiment brut de l'interprétation intellectuelle.

Vous cessez d'essayer de combattre le récit dans votre tête et commencez à honorer le sentiment dans votre corps.

Quand vous refusez de vous engager avec la fumée et que vous vous attaquez plutôt au feu, l'alarme commence enfin à se calmer.

## LE PARADOXE DE LA PAIX : POURQUOI L'INACTION EST LA PLUS PUISSANTE ACTION LORSQUE LE CERVEAU EXIGE UNE SOLUTION

C'EST LE PIVOT PSYCHOLOGIQUE LE PLUS DIFFICILE QUE VOUS N'ESsayerez jamais.

Votre cerveau est une machine conçue pour l'achèvement.

Il méprise les boucles ouvertes.

Il voit une pensée anxieuse—

Un potentiel désastre.

Une insulte théorique.

Un embarras futur.

Le cerveau le signale immédiatement comme une donnée critique.

Il exige une réaction.

Il exige une solution.

Il exige une résolution finale et parfaite au problème hypothétique qu'il vient de créer.

C'est là que nous échouons toujours.

Nous avons été entraînés à croire que l'action équivaut à du pouvoir.

On nous enseigne qu'ignorer un problème est un signe de faiblesse.

C'est vrai dans le monde réel.

Mais le monde mental fonctionne selon des règles opposées.

La pensée n'est pas un véritable problème.

C'est seulement une incitation.

C'est un appât.

Quand vous engagez la pensée, vous validez son existence.

Lorsque vous essayez de résoudre l'anxiété, vous confirmez que le danger est réel.

Vous alimentez la boucle.

Le paradoxe de la paix est le suivant : Parfois, le seul coup gagnant est de ne pas jouer.

Lorsque le bavardage mental arrive—fort, urgent, insistant sur le fait que vous devez répéter cet argument ou finaliser ce pire scénario—votre réponse la plus puissante est le silence.

C'est l'immobilité.

C'est le refus.

Nous appelons cela l'inaction stratégique.

Au début, cela semble horrible.

Cela ressemble à de la négligence.

Cela ressemble à laisser l'alarme retentir.

Votre Fixeur interne crie : "Mais nous devons faire quelque chose !"

L'action que vous devez entreprendre est le choix radical de ne rien faire du tout à propos de la pensée elle-même.

Vous reconnaissez la pensée.

"Il y a l'inquiétude au sujet de l'argent."

"Il y a le souvenir de cette chose stupide que j'ai dite."

Vous l'observez. Vous la nommez.

Puis vous arrêtez.

Vous ne l'analysez pas.

Vous ne la poursuivez pas dans la sombre ruelle de "Et si ?".

Vous ne tentez pas de débattre avec la voix.

Le débat est un engagement. L'engagement est un combustible.

Quand vous refusez de mordre à l'hameçon, la pensée n'a nulle part où aller.

C'est un moteur sans essence.

Une pensée ne peut pas se soutenir sans votre participation active.

Elle a besoin que vous lui donniez de l'ampleur.

Elle a besoin que vous écriviez la prochaine phrase de son histoire.

Quand le cerveau crie : "J'ai besoin d'une solution maintenant !" vous répondez en respirant.

Vous répondez en laissant tomber la corde interne.

Vous répondez en attendant.

C'est difficile. C'est contre-nature.

Mais chaque fois que vous choisissez l'inaction plutôt que l'analyse, vous enseignez à votre cerveau une leçon profonde :

Cette pensée n'est pas obligatoire.

Ce sentiment est temporaire.

Ce hypothétique ne nécessite pas mon énergie.

L'inaction affame la pensée.

L'inaction dissout le problème.

L'inaction est la forme de pouvoir la plus élevée dans la guerre contre le bruit mental.

C'est le mouvement ultime de défusion cognitive.

# ETES-VOUS COINCÉ DANS LE TERRITOIRE ? COMMENT CROIRE VOTRE CARTE MENTALE DÉTRUIT LA PAIX DANS 7 DOMAINES CLÉS DE VOTRE VIE

Vous avez une carte dans votre tête.

Tout le monde en a une.

C'est votre représentation mentale du monde. Elle inclut vos croyances sur qui vous êtes. Les histoires que vous vous racontez sur le fonctionnement du monde. Vos projections sur demain.

Cette carte mentale est incroyablement utile. Elle vous aide à décider quelle rue emprunter. Elle vous aide à vous souvenir que le feu est chaud.

Mais que se passe-t-il lorsque vous confondez la carte avec le territoire réel ?

Désastre.

Vous n'essaieriez pas de boire l'image d'un verre d'eau sur un menu. Vous n'essaieriez pas de manger une carte d'un sandwich. Ces choses sont des représentations. Ce sont des symboles. Ce ne sont pas la vraie chose.

Cependant, nous passons 80 % de nos vies éveillées à essayer de manger la carte.

C'est ce qu'on appelle la fusion cognitive.

C'est le terme technique pour arrêter la séparation. C'est quand vous croyez que la voix dans votre tête vous dit la vérité littérale, sans embellissement, immédiate.

Quand vous êtes fusionné, la pensée est le fait. L'histoire est la réalité. Le jugement devient votre identité.

Elle détruit la paix parce que la carte est intrinsèquement défectueuse. Elle est souvent vieille, désordonnée et conçue par la peur. Quand vous êtes fusionné, vous ne réalisez pas que vous vous battez contre des dragons en papier. Vous pensez que vous combattez la réalité.

Voici comment croire la carte au lieu de vivre sur le territoire détruit votre paix dans des domaines clés de votre vie.

1. Carrière et Confiance

La Carte : “Je suis un imposteur. Ils vont découvrir que je n'ai pas ma place ici.”

Quand vous fusionnez avec cette pensée, vous arrêtez de vous préparer pour la réunion. Vous commencez à vous préparer à l'inévitable exposition. Vous vous retirez. Vous minimisez votre bon travail. Vous prenez des décisions en anticipant l'échec, ce qui rend ensuite l'échec plus probable. Vous réagissez à une prédiction mentale, pas aux exigences du véritable emploi. La paix est détruite car vous ne vous permettez jamais de vous installer dans votre compétence.

2. Relations et Intimité

La Carte : “Ils sont fâchés contre moi. Je le sais. Ils s'éloignent.”

Vous n'avez pas vérifié les faits. Vous n'avez pas demandé. Vous avez juste décidé sur la base d'un léger changement de ton ou d'un message texte retardé. Parce que vous êtes fusionné avec l'anxiété de la carte, vous commencez à agir de manière défensive ou froide. Vous punissez l'autre personne pour un crime qu'elle n'a commis que dans votre tête. Vous créez un conflit entièrement basé sur une supposition. Le territoire—la véritable relation—n'a jamais eu de chance contre votre narratif interne.

3. Estime de soi et Identité

La Carte : “Je suis définitivement défectueux. Je ne mérite pas de bonnes choses.”

La fusion transforme un jugement en une caractéristique essentielle de votre personnalité. Ce n'est pas quelque chose que vous pensez. C'est quelque chose que vous êtes. Cette croyance guide chaque choix. Vous évitez les promotions. Vous vous contentez dans les relations. Vous vous privez de joie parce que la carte dicte que votre valeur est nulle. Vous n'essayez pas de lutter contre la pensée. Vous essayez d'accommoder le défaut.

4. Paralysie Décisionnelle

La Carte : "Si je choisis le Chemin A, le pire résultat possible va se produire. Si je choisis le Chemin B, je le regretterai pour toujours."

Le cerveau fusionné transforme les possibilités futures en souvenirs concrets d'échec. Il crée une certitude de malheur qui n'existe pas. Vous ne vous sentez pas comme si vous choisissiez entre deux options. Vous vous sentez comme si vous choisissiez entre deux désastres garantis. Vous restez coincé. Vous vous figez. L'inaction semble plus sûre que la certitude de la catastrophe mentale.

5. Santé et Image Corporelle

La Carte : "Mon corps est faux. Je suis dégoûtant. Je ne pourrai jamais changer."

C'est le piège ultime de l'auto-étiquetage négatif. Quand vous êtes fusionné, les mots sont la vérité. Vous ne voyez pas un corps qui a besoin de mouvement ou de carburant. Vous voyez un problème permanent. Cela coupe la motivation. Pourquoi faire de l'exercice si l'étiquette est permanente ? Vous cessez d'agir efficacement car la carte interne a déjà déclaré la guerre terminée.

6. Récurrence de la Honte Passée

La Carte : "Tu te souviens de cette chose que tu as faite en 2018 ? Tu devrais ressentir la honte brûlante en ce moment."

Le cerveau a la capacité de faire ressentir un événement passé comme instantanément présent. La fusion signifie que vous le laissez faire. Vous permettez à un incident qui est fini—parti, terminé—de coloniser votre état émotionnel présent. Vous êtes piégé à vivre dans le paysage émotionnel d'hier, répétant des répliques et des arguments qui sont morts depuis des années. Vous ne vivez pas le territoire de ce moment.

7. Prévision de Catastrophe (Anxiété Générale)

La Carte : "Le pire scénario possible est sur le point de se produire. Préparez-vous à l'impact."

C'est la fonction centrale de la carte anxieuse. Elle projette constamment la catastrophe. Quand vous êtes fusionné, vous commencez à réagir à cette prévision avec la même intensité physiologique que vous utiliseriez pour réagir à une menace physique. Votre cortisol augmente. Votre respiration s'accélère. Vous êtes émotionnellement épuisé, alors que rien de menaçant ne se passe réellement. Vous vivez l'effondrement futur en ce moment.

La défusion cognitive, la compétence clé que nous développons, consiste à apprendre à voir cette carte papier pour ce qu'elle est. Ce n'est pas le territoire.

C'est juste une représentation.

Ce n'est pas un commandement. Ce n'est pas un fait. Ce n'est qu'une pensée.

Quand vous pouvez entendre la pensée, reconnaître la carte, mais choisir de vivre sur le territoire, le bruit perd instantanément son pouvoir.

# CHAPTER THREE

## ÉCHAPPEMENT : ÉCHAPPER AU TAPIS DE L'HYPER-RÉFLEXION QUI GASPILLE 19 HEURES DE VOTRE SEMAINE

Vous êtes épuisé.

Vous devez l'admettre.

Pas fatigué physiquement. Mais fatigué mentalement.

C'est le coût du Tapis de l'Hyper-Réflexion.

C'est le mensonge le plus subtil et destructeur que votre cerveau vous dit. Il vous fait sentir productif. Il vous fait sentir responsable. Il vous dit qu'en analysant le problème sous 17 angles différents, vous empêchez d'une certaine manière la catastrophe.

Vous ne le faites pas.

Vous tournez en rond.

Cette machine, cette boucle mentale, est le plus profond gaspillage d'énergie humaine imaginable. Elle simule le travail. Elle exige une attention émotionnelle totale. Elle ne livre aucun résultat.

C'est un effort élevé, zéro progrès.

Nous avons estimé 19 heures par semaine. Pensez à ça. Cela représente dix-neuf heures—une journée de travail complète plus trois soirées supplémentaires—passées à rejouer des arguments, à prévoir la catastrophe, ou à planifier méticuleusement des scénarios ayant une chance de 3% de se produire.

Dix-neuf heures de votre vie finie. Brûlées.

Nous allons cesser de respecter la boucle.

Nous allons apprendre à appuyer sur le bouton d'arrêt d'urgence.

Le changement fondamental nécessaire pour ce chapitre est de reconnaître que la rumination n'est pas un traitement. C'est un recyclage.

Quand vous traitez quelque chose—un trauma, une décision, une relation—vous le traversez. Vous gagnez en clarté. Vous atteignez une conclusion. Cette conclusion peut être douloureuse, mais c'est une conclusion. Elle a de l'élan.

La rumination est un arrêt.

C'est faire fonctionner le même logiciel obsolète encore et encore, en attendant un message d'erreur différent. C'est le cerveau bloqué dans un argument interne où les deux côtés sont vous, et aucun des côtés n'a accès à de nouvelles informations.

Le bruit n'est pas un mouvement.

Le bruit est une paralysie déguisée en activité.

La raison pour laquelle ces boucles semblent si convaincantes est qu'elles touchent à des domaines clés de menace perçue : réputation, sécurité, amour ou compétence. Le travail de notre cerveau est de protéger ces choses. Quand il identifie une menace, il exige une analyse immédiate et approfondie.

Mais la machine est mal calibrée.

Elle ne sait pas faire la différence entre un tigre qui charge et un courriel légèrement impoli d'un collègue. Les deux déclenchent le cycle d'analyse en état d'alerte maximale. Les deux vous enferment sur le tapis roulant.

Nous devons apprendre la différence entre la Pensée Productive et la Boucle.

La pensée productive a une utilité. Elle aboutit à une action qui n'est pas une pensée.

Exemple : Je dois résoudre ce déficit budgétaire.

Action : Je vais créer un tableau. Je vais contacter le service comptable. Je vais consacrer 30 minutes à établir des solutions.

C'est un mouvement. C'est utile.

La Boucle n'a aucune utilité. Elle aboutit à plus de pensées.

Exemple : Je ne peux pas croire que je pourrais avoir un déficit budgétaire. Pourquoi suis-je toujours en difficulté ? Que vont penser les gens de moi ? J'aurais dû prendre cet autre emploi il y a cinq ans. Cela va tout ruiner. Je me sens malade.

C'est le tapis roulant. Remarquez le changement. Il est passé d'un problème solvable (le déficit) à un jugement cosmique (pourquoi suis-je toujours en difficulté ?). Il est passé du présent à il y a cinq ans. Il est passé de l'action à une pure prévision émotionnelle.

Votre première étape hors du tapis roulant est une honnêteté radicale.

Vous devez attraper le moment exact où le changement se produit.

Vous ne planifiez pas. Vous vous inquiétez.

Vous ne préparez pas. Vous répétez la honte.

Vous ne calculez pas le risque. Vous fabriquez la peur.

C'est là que le pouvoir de la Défusion (Chapitre 2) entre de nouveau en jeu, mais amplifié. Nous n'observons pas seulement la pensée ; nous interrompons le schéma.

Le problème est la nature cyclique elle-même. Le schéma nourrit l'émotion, et l'émotion alimente le schéma. C'est une énergie autonome—un petit générateur sombre fonctionnant exclusivement sur votre stress.

Nous brisons ce générateur en imposant une structure là où la boucle exige le chaos.

Comment interrompre une spirale qui semble tout-consuming ?

Vous utilisez la structure. Vous utilisez le code.

Le meilleur outil contre la rumination est la limitation programmée.

Votre cerveau pense que s'il arrête de s'inquiéter maintenant, le désastre frappera immédiatement. Il croit vous protéger en restant alerte. Nous devons respecter cet instinct, mais l'apprivoiser.

Vous introduisez le concept de "Temps d'Inquiétude."

Cela peut sembler absurdement simple, mais c'est l'une des interventions psychologiques les plus efficaces disponibles pour l'inquiétude chronique.

Vous désignez une plage horaire spécifique de 15 minutes chaque jour. Disons 16h45.

C'est votre Zone d'Inquiétude.

Quand une boucle commence—je dois comprendre comment payer cette facture, je dois savoir s'ils sont fâchés contre moi, je dois savoir si j'ai dit la bonne chose mardi dernier—vous reconnaissez immédiatement cette pensée.

Vous l'étiquetez : Rumination. Boucle détectée.

Ensuite, vous la redirigez doucement et fermement : "Merci pour l'information. Ce problème est programmé pour 16h45 aujourd'hui."

Vous ne discutez pas avec elle. Vous ne tentez pas de la résoudre. Vous la renvoyez simplement.

Pourquoi cela fonctionne-t-il ?

Cela satisfait le besoin de reconnaissance du cerveau. Cela dit, "Oui, c'est important, et nous allons y répondre."

Mais cela brise la demande immédiate et incontrôlée d'attention. Vous reprenez le contrôle sur le moment où la pensée est traitée.

Lorsque 16h45 arrive, vous vous asseyez. Vous ouvrez un carnet. Vous consacrez 15 minutes à écrire chaque peur, chaque inquiétude, chaque prévision future. Pas de filtrage. Juste du contenu.

Ensuite, dès que les 15 minutes sont écoulées, vous arrêtez.

Vous fermez physiquement le carnet. Vous vous levez. Vous bougez votre corps. Vous ne revenez pas à cette liste avant le prochain moment programmé.

Souvent, à 16h45, les pensées qui semblaient catastrophiques à 11h00 ont perdu leur puissance. Le cerveau réalise que la crise ne s'est pas matérialisée simplement parce que vous avez différé l'inquiétude.

Vous enseignez à votre système que le report est sûr.

C'est du stoïcisme pur et pratique en action : Vous contrôlez votre attention, qui est la seule chose que vous possédez vraiment.

Mais qu'en est-il des spirales profondes et immédiates ? Des moments où l'inquiétude est une expérience corporelle entière ?

Vous avez besoin d'un arrêt net.

C'est là que la Pleine Conscience Vague vous fait défaut. Dire à une personne en spirale de "juste respirer" est souvent inutile. Ils ont besoin de tactiques concrètes et non négociables qui interrompent la chimie, pas seulement la philosophie.

Nous mettons en œuvre le Pivot Dur.

Lorsque vous ressentez la montée émotionnelle—le creux dans votre estomac, la chaleur sur votre visage, les pensées qui s'emballent—vous devez immédiatement faire un pivot de l'analyse à l'entrée sensorielle.

Votre cerveau est dans le Territoire du Passé ou le Territoire du Futur. Nous le ramenons sur la carte de Maintenant.

Le Pivot Dur utilise un processus simple en trois étapes conçu pour déplacer votre attention des concepts abstraits (honte, argent, échec) à la réalité concrète (lumière, texture, température).

Étape Un : Trouvez Trois Couleurs.

Regardez immédiatement autour de vous. Pas de manière générale. De manière spécifique. Nommez trois couleurs distinctes que vous voyez. La nuance exacte du mur. Le bleu spécifique du stylo. Le blanc sale du carreau de plafond.

Dites-les à voix haute si vous le pouvez, ou murmurez-les. Cela oblige votre fonction cérébrale supérieure à arrêter de faire tourner la boucle et à engager le centre de traitement visuel dans une nouvelle tâche à faible enjeu.

Étape Deux : Engagez Trois Textures.

Touchez quelque chose. Le tissu de votre chemise. Le bois lisse du bureau. La céramique froide de la tasse de café. Ressentez-le vraiment. Concentrez-vous sur la sensation. Est-ce rugueux ? Est-ce frais ? Est-ce légèrement collant ?

Cela vous ancre dans le monde physique immédiat. Cela ferme le bavardage théorique. Le cerveau ne peut pas faire tourner efficacement la boucle passé-futur tout en se concentrant profondément sur les entrées sensorielles.

Étape Trois : Nommez Une Action.

C'est le composant le plus critique. Cela force la transition de l'analyse (le tapis roulant) à l'utilité (la sortie).

Dites-vous une question stoïque :

"Quelle est la seule action, non pensée, que je peux entreprendre à cet instant qui me fait avancer de 1 % ?"

Elle doit être tangible. Elle doit être immédiate.

Si vous vous inquiétez des dettes, l'action pourrait être : "Je vais ouvrir l'application bancaire." Pas "Je vais résoudre toutes mes dettes." Juste le mouvement de 1 %.

Si vous spiralez à propos d'une dispute relationnelle, l'action pourrait être : "Je vais écrire la seule chose que je veux communiquer, sans édition."

Si la boucle concerne une erreur que vous avez faite il y a cinq ans, l'action est : "Je vais fermer les yeux et laisser le souvenir être là, mais je vais consciemment plier et détendre mes orteils dix fois." (Un acte physique pour remplacer la boucle mentale.)

La beauté du Pivot Dur réside dans sa simplicité et sa dépendance aux données sensorielles. C'est un contournement neurologique.

Il est impossible d'être pleinement absorbé par la panique abstraite du futur tout en comptant consciemment les objets bleus sur votre bureau. Vous ne pouvez pas faire les deux simultanément.

Vous choisissez la réalité du présent.

Le Tapis Roulant de l'Overthinker prospère sur l'illusion d'urgence. Il exige que tout soit réglé immédiatement.

La contre-stratégie est la lenteur réfléchie et une structure spécifique.

Au moment où vous reconnaissez la boucle, vous gagnez du pouvoir.

Vous n'avez pas besoin de chasser la voix. Vous n'avez pas besoin d'atteindre un état parfait et silencieux.

Vous devez juste interrompre le flux d'énergie.

La boucle nécessite votre temps et votre conviction qu'elle est importante. Lorsque vous l'interrompez, lorsque vous l'étiquetez comme un simple recyclage, vous retirez votre croyance.

C'est la sortie.

C'est accepter que 90 % de votre stress actuel est auto-généré. Ce n'est pas externément requis. C'est une habitude. Et les habitudes peuvent être brisées par une interférence cohérente et ciblée.

Sortez du tapis roulant. Votre véritable vie vous attend juste à côté. Prenez le simple pas en avant. Le monde réel est plus calme que votre tête. Croyez-moi là-dessus.

## LA 'SIGNATURE D'INQUIÉTUDE' : UN INVENTAIRE SIMPLE POUR CATÉGORISER VOS BOUCLES MENTALES LES PLUS DESTRUCTRICES (PRÉVOIR LE CATACLYSME VS. RÉPÉTER LA HONTE)

Nous devons cesser de traiter l'inquiétude comme un seul grand nuage.

Ce n'est pas le cas.

L'inquiétude est spécifique. Elle a des motifs. Elle a un rythme qui vous est unique.

Pensez-y comme un disque vinyle qui se répète. Vous continuez à poser la piqûre dans la même rainure. L'objectif n'est pas de détruire le tourne-disque. C'est juste de reconnaître quelle chanson est jouée.

Cette reconnaissance est cruciale. Lorsque vous pouvez nommer la boucle, vous prenez de la distance par rapport à elle. Cela cesse d'être vous. Cela devient quelque chose que vous faites.

Nous appelons cela votre Signature d'Inquiétude.

Prenez une liste de contrôle mentale. Laquelle de celles-ci consomme le plus d'espace mental ? Vous pourriez faire les trois, mais généralement, l'une est le tyran qui domine votre paysage mental.

Prévoir le Cataclysme : Le Destructeur Prémédité

C'est l'anxiété du futur.

C'est la boucle "Et si ?".

Elle crie à propos de choses qui ne se sont pas encore produites.

Votre cerveau suppose que sa tâche est d'anticiper chaque désastre possible. Il croit que si vous vous inquiétez assez fort, vous pouvez d'une manière ou d'une autre empêcher le naufrage de se produire.

Cette boucle est caractérisée par une visualisation à enjeux élevés.

Vous répétez mentalement l'échec de la présentation. Vous exécutez le scénario où la relation s'effondre. Vous imaginez le moment où vous n'aurez plus d'argent, cinq ans avant que cela soit même plausible.

C'est un état perpétuel de planification pour un désastre qui consomme toute l'énergie disponible pour une action productive aujourd'hui.

Le sentiment signature : Effroi, tension dans le ventre, une hyper-attention qui se déguise en préparation.

Dites-vous : Est-ce que je résous activement un problème, ou suis-je en train de créer une tragédie que je ne peux pas encore empêcher ?

Réviser la Honte : Le Retour Relentissant

C'est l'anxiété du passé.

C'est la boucle "J'aurais dû dire...".

Cette signature vous enferme dans les archives des erreurs précédentes, des embarras et des échecs perçus.

Elle ne cherche pas de compréhension ; elle cherche une punition.

Le comité dans votre tête vous force à revivre ce moment gênant du lycée. Ou cette chose stupide que vous avez dite lors de la réunion la semaine dernière. Vous passez vingt minutes sous la douche à formuler la parfaite excuse à une personne qui a déjà oublié l'incident.

C'est ici que vous essayez de vous détruire verbalement sur des choses qui ne peuvent pas être changées. Vous continuez à appuyer sur rewind, espérant que cette fois, la scène se déroulera différemment. Cela n'arrive jamais.

Cette boucle est destructrice car elle attache votre identité actuelle à un moment obsolète. Elle vous dit : "Vous êtes la somme totale de votre pire décision."

La signature émotionnelle : Un profond regret, l'envie de se cacher, une autocritique aiguë.

Demandez-vous : Est-ce que j'analyse cet événement pour en tirer une leçon future, ou est-ce que je m'inflige simplement de la douleur pour quelque chose qui est terminé ?

Révision des arguments : L'avocat de la défense interne

C'est l'anxiété de validation et de contrôle relationnel.

Cette boucle est centrée sur la preuve de votre valeur, la justification de vos actions, ou le gain d'un argument qui n'existe que dans votre tête.

Vous pourriez passer quarante minutes à promener le chien, à détailler le contre-argument parfait pour un collègue à qui vous n'avez pas encore parlé.

Vous préparez les preuves. Vous pratiquez le ton de votre voix. Vous rédigez l'email qui prouve votre innocence, celui que vous n'enverrez jamais.

Cette signature est alimentée par la peur d'être perçu comme faux, faible ou incompris. Vous recherchez la certitude par la maîtrise verbale, même lorsque l'autre personne n'est pas présente, ou se moque.

Cela épuise votre capacité à être présent parce que vous vous préparez toujours à la bataille. Vous combattez des ennemis fantômes.

La signature émotionnelle : Agitation, pouls rapide, ressentiment subtil et profonde distraction.

Demandez-vous : Cette énergie mentale mène-t-elle à la connexion, ou construit-elle des murs de justification ?

Regardez ces trois catégories. Laquelle est la plus forte ? Dans quelle boucle tombez-vous lorsque vous êtes fatigué, ennuyé ou stressé ? C'est votre signature de préoccupation dominante.

Vous n'êtes pas brisé si vous ressentez les trois. Vous êtes humain.

Mais comprendre votre signature est le moment où nous commençons l'interruption. Nous arrêtons de donner le nom général de "préoccupation" à des habitudes hautement spécifiques et interrompables.

Au moment où vous réalisez : "Ah, je ne suis pas seulement inquiet, je m'engage dans un épisode agressif de révision de la honte à nouveau," le pouvoir se déplace.

Vous avez maintenant un nom pour la bête.

Et la bête nommée est toujours plus facile à désamorcer.

## LA TAXE DE PRÉOCCUPATION : CALCULER L'ÉNERGIE ET LA DETTE DE TEMPS EXACTES QUE LA PRÉOCCUPATION VOUS COÛTE (INDICE : CE N'EST JAMAIS PRODUCTIF)

Vous pensez que la préoccupation est productive.

Vous l'appelez planification mentale.

Vous l'appelez prévoyance.

Vous croyez que si vous stressez suffisamment, vous pouvez résoudre l'avenir.

C'est la plus grande erreur opérationnelle que votre cerveau commette.

C'est le mensonge qui vous garde piégé.

La préoccupation n'est pas une préparation.

La préoccupation est une dette.

C'est la taxe la plus coûteuse, avec un intérêt élevé, que vous payez chaque jour.

Et vous la payez pour un problème potentiel qui ne se produira probablement même pas.

Calculons le coût.

Tout d'abord, la dette énergétique.

C'est la taxe physique.

Vous brûlez du carburant réel.

Vous fonctionnez au cortisol.

Votre système nerveux est constamment en alerte rouge.

Cette tension dans votre cou ? C'est la taxe de préoccupation.

Le tourbillon constant dans votre ventre ? Taxe.

Les nuits blanches passées à concevoir des voies d'évasion pour des scénarios qui n'existent que dans votre esprit ? Taxe.

C'est un déchet métabolique.

Vous épuisez votre corps à combattre un ennemi fantôme.

Vos réserves d'énergie sont dépensées avant même que vous ne fassiez face à un vrai défi.

Vous commencez la journée déjà épuisé.

Vous commencez la semaine à vide.

Parce que vous avez payé la taxe de préoccupation dimanche soir.

Deuxièmement, la dette de temps.

C'est le coût ultime, non remboursable.

Où est passé la dernière heure ?

Vous avez passé vingt minutes à répéter une conversation difficile.

Vous avez passé quinze minutes à revivre une erreur de lycée.

Vous avez passé le reste du temps à prévoir trois scénarios de catastrophe potentiels pour la réunion budgétaire du mois prochain.

Ce temps est perdu.

Irrémédiablement perdu.

Ces quarante minutes ont-elles produit un seul élément d'action exécutable ?

Non.

Ont-elles changé l'issue du passé ?

Non.

Avaient-elles rendu l'avenir moins probable ?

Non.

Vous avez simplement ressenti le stress de l'événement trois fois sans réellement résoudre quoi que ce soit.

C'est la définition d'un travail improductif.

La préoccupation ressemble à du travail. Elle occupe le cerveau. Elle exige une intense concentration. Elle génère du bruit.

Mais c'est une pure statique mentale.

Elle n'offre aucun retour sur investissement.

Zéro retour sur investissement.

C'est une dépense sans gain.

La planification productive identifie une variable, détermine les deux meilleures options d'action et fixe une date pour exécuter. C'est tout. C'est fait. C'est stocké.

La rumination identifie une variable, explore 7 000 résultats impossibles, boucle la peur, génère du stress physiologique et laisse la variable non résolue.

Vous devez arrêter de confondre le sentiment d'activité mentale frénétique avec une réelle utilité.

Vous pensez : Je dois m'inquiéter, sinon je ne serai pas prudent.

Faux.

Vous pouvez être prudent tout en restant calme.

Vous pouvez être préparé sans être épuisé.

En fait, plus vous êtes calme, meilleure sera votre préparation.

La préoccupation n'est que du bruit qui émousse vos facultés cognitives.

Elle vole la concentration aiguisée dont vous avez besoin pour de réelles solutions.

Elle garantit que vous serez fatigué lorsque le véritable défi arrivera enfin.

La dette est trop élevée.

Arrêtez de payer la taxe.

Arrêtez de laisser votre temps précieux et votre énergie finie être dépensés pour des problèmes fictifs.

Vous gérez une économie de dette dans votre esprit.

Il est temps de déclarer la faillite mentale sur la préoccupation.

## COMMENT VOUS ANCRER EN 4 SECONDES : TACTIQUES PRATIQUES ET SÉCULAIRES QUI REJETTENT LES CONSEILS VAGUES DE "PLEINE CONSCIENCE"

VOTRE CERVEAU DÉTESTE LE MOMENT PRÉSENT.

Il voit le "maintenant" comme un espace vide.

Un vide qui doit être comblé par de la planification future ou des révisions du passé.

Quand ce détecteur de fumée défectueux commence à hurler, la dernière chose dont vous avez besoin est un conseil doux sur l'observation des nuages. Nous rejetons cette douceur. Nous rejetons les conseils lents, vagues, "respirez juste" qui vous font sentir incompétent lorsque vous ne parvenez pas à atteindre la paix intérieure tout en ayant une attaque de panique active.

Vous avez besoin d'un panneau d'arrêt tactique.

Un réinitialisation radicale pour votre système d'exploitation interne.

Ce sont des astuces séculaires et physiques. Elles sont conçues pour sortir votre esprit de l'abstrait (préoccupation, terreur, et si) et le verrouiller dans le concret (gravité, texture, température).

Voici comment vous vous ancrez en 4 secondes.

L'objectif est l'interruption, pas la méditation.

Tactique 1 : Le déversement de données sensorielles

Le problème avec un cerveau qui réfléchit trop est qu'il résout un problème abstrait. Il débat des situations imaginaires. La façon de l'arrêter est de lui donner une tâche physique obligatoire et immédiate.

Votre critique intérieure est une menteuse brillante, mais elle est terrible pour la saisie de données.

Au moment où vous ressentez le début de la spirale—la tension, le pouls rapide, la catastrophe à venir—vous faites cela. Vous pivotez votre attention vers la collecte obligatoire de données physiques.

Trouver cinq choses que vous pouvez voir, en ce moment.

Ne pensez pas à elles. Ne les jugez pas. Juste nommez-les.

La poussière sur l'étagère. La couture du poignet de la chemise. La teinte exacte de bleu sur l'écran de votre ordinateur portable.

Trouver quatre choses que vous pouvez sentir.

Le poids de votre montre. La texture de votre jean contre votre jambe. La légère froideur de la table sous votre main.

Trouvez trois choses que vous pouvez entendre.

La sirène lointaine. Le clic du clavier. Le bourdonnement du réfrigérateur.

Trouvez deux choses que vous pouvez sentir.

Trouvez une chose que vous pouvez goûter.

Faites cela rapidement. Ne restez pas. Vous forcez la fonction exécutive de votre cerveau à travailler sur la réalité objective. L'esprit ne peut pas simultanément calculer la catastrophe de 2027 et cataloguer le parfum du café rassis. C'est un goulot d'étranglement cognitif rapide. Utilisez-le.

Tactique 2 : Le Reset par Choc Thermique

Votre système nerveux est conçu pour réagir immédiatement aux changements brusques de température. L'anxiété est un moteur à haut régime. Le moyen le plus rapide de le ralentir est de signaler au corps qu'il y a une priorité physique plus immédiate que le bruit interne.

C'est pourquoi les gens éclaboussent de l'eau sur leur visage lors d'une attaque de panique. Ça fonctionne.

Vous n'avez pas besoin d'un seau de glace. Vous avez besoin d'un changement rapide et brusque.

Tenez une bouteille d'eau glacée à proximité. Lorsque la spirale frappe, mettez la bouteille directement contre votre point de pulsation au poignet, ou maintenez-la appuyée contre la peau douce sur le côté de votre cou.

Le choc du froid est une immense entrée sensorielle. Il force le système à réacheminer l'énergie. Il contourne la pensée abstraite et engage les sens physiques immédiats.

Vous pouvez également porter une petite pierre froide et lisse ou même une pièce de monnaie refroidie dans votre poche. Serrez-la lorsque vous ressentez l'élan. Cette froideur aigüe et tangible est votre ancre physique. Elle ne résout pas le problème, mais elle vous tire hors du théâtre mental où le problème est répété.

Tactique 3 : Le Verrouillage des Pieds

L'anxiété donne souvent l'impression de s'éloigner. Comme si vous étiez déconnecté de votre corps et du monde physique. Votre cerveau voyage plus vite que vos pieds.

Vous devez rétablir la gravité.

Lorsque vous sentez le bruit monter, enfoncez consciemment vos pieds dans le sol.

Poussez vers le bas. Fort.

Imaginez que vous essayez de lever un poids de mille livres en utilisant uniquement la pression entre vos pieds et le sol. Ressentez la pression dans vos semelles, vos mollets, les muscles autour de vos hanches.

Concentrez-vous à cent pour cent sur la sensation de cette résistance physique.

Ce n'est pas un étirement. C'est un exercice de mise à la terre physique et forcé. Cela vous verrouille littéralement dans le territoire que vous occupez. Cela dit à votre cerveau : Je suis ici. Je suis connecté au sol. La gravité est réelle. La menace est abstraite.

L'esprit est un moteur puissant. Mais le corps est une ancre puissante. Utilisez ces outils non pas pour une réflexion douce, mais pour une interruption tactique immédiate.

Ce sont les alarmes incendie du code. Rapides. Simples. Efficaces. Et ils ne nécessitent pas que vous croyiez en quoi que ce soit d'autre qu'à la neurologie humaine de base.

## LES 3 TACTIQUES NON NÉGOCIABLES QUI INTERRUPTENT INSTANTANÉMENT UNE SPIRALE DE PENSÉE PROFONDE

Lorsque la spirale frappe, cela ressemble à une situation d'otage interne.

Votre cerveau s'est verrouillé sur une boucle catastrophique.

Il diffuse un film que vous avez déjà vu des centaines de fois.

Ça semble productif.

Ça semble nécessaire.

C'est absolument, à 100 %, épuisant votre énergie et n'atteignant rien.

Vous avez besoin d'une interruption physique d'urgence.

Vous ne pouvez pas penser à sortir d'une spirale de pensée.

Vous devez agir pour en sortir.

Ces trois tactiques sont non négociables.

Vous les appliquez instantanément.

Vous les appliquez avec agressivité.

Ils sont conçus pour contourner entièrement le cerveau pensant.

TACTIQUE 1 : LE CHOC PHYSIOLOGIQUE (La Chute de Température)

Quand vous êtes profondément dans la spirale, votre corps est en alerte maximale.

Votre rythme cardiaque est élevé.

Vos hormones de stress sont en circulation.

Vous devez introduire une demande physiologique externe, immédiate qui surpasse le bruit interne.

Nous choquons le système pour le ramener au présent.

Le moyen le plus rapide d'y parvenir est la température.

Arrêtez tout ce que vous faites.

Marchez immédiatement vers l'évier.

Ouvrez le robinet à la température la plus froide possible.

Récupérez de l'eau dans vos mains.

Plongez votre visage dans l'eau froide pendant un compte de trois secondes.

Si vous portez du maquillage ou ne pouvez pas mouiller votre visage, prenez une poignée de glaçons.

Appuyez-les fermement à l'arrière de votre cou ou directement sur vos poignets.

Le froid intense force votre cerveau à enregistrer la réalité physique.

Il déclenche le réflexe de plongée, qui abaisse instantanément votre rythme cardiaque.

Le processus de surpense s'arrête car le cerveau a reçu une nouvelle priorité claire et immédiate : J'ai froid.

Ça fonctionne chaque fois.

TACTIQUE 2 : L'APPEL COGNITIF (La Méthode de Labellisation)

La spirale conserve son pouvoir parce que vous croyez que le contenu est urgent et réel.

Vous êtes entièrement fusionné avec l'idée.

L'objectif ici est le désamorçage instantané.

Nous rompons la fusion en identifiant le processus, et non le contenu.

Dès que vous remarquez la boucle, arrêtez de vous engager intérieurement dans les pensées.

Ne tentez pas de discuter avec elles.

Ne tentez pas de résoudre le problème qu'elles présentent.

Au lieu de cela, étiquetez le mécanisme interne à voix haute.

Dites : « Je suis en train de courir la boucle de Rehashing That Embarrassing Meeting en ce moment. »

Ou : « C'est la simulation du Modèle de Prévision d'Inquiétude 7. »

Vous pouvez même ajouter une petite étiquette : « Ah, c'est le Critique Intérieur qui essaie encore de me faire peur. »

La clé est d'utiliser l'étiquette pour externaliser la pensée.

En nommant le processus, vous vous séparez de la voix.

Vous êtes l'observateur qui remarque le bruit.

Vous n'êtes pas le bruit lui-même.

Ce simple acte d'identification tire votre attention hors du film mental et dans le rôle du directeur.

Cela dépouille la pensée de son autorité.

TACTIQUE 3 : L'ANCRE BEHAVIORALE (La Règle des Cinq Minutes)

La surpense est souvent une forme de procrastination très sophistiquée.

Vous avez peur de la tâche ou de la décision, donc vous vous cachez dans la planification et l'inquiétude.

Le seul moyen de sortie est une action immédiate, petite et productive.

L'action doit être mesurable.

Elle doit avoir un début et une fin définis.

Engagez-vous à juste cinq minutes de mouvement physique simple ou d'achèvement de tâche.

Sans lien avec l'inquiétude principale.

Rangez votre bureau.

Chargez le lave-linge.

Allez dehors et marchez exactement 100 pas.

La règle est : Commencez la petite tâche, engagez-vous pendant cinq minutes, et laissez la spirale de pensée continuer en arrière-plan.

Vous ne combattez pas les pensées.

Vous refusez simplement de leur donner le droit exclusif au temps de votre corps.

Le mouvement génère de l'élan.

Lorsque les cinq minutes sont écoulées, vous aurez brisé l'inertie.

L'achèvement d'une petite tâche fournit une micro-dose de confiance et de capacité.

Ça prouve à votre système que vous n'êtes pas paralysé.

Cette victoire immédiate et petite dégonfle généralement assez la tension catastrophique pour que le reste du bruit se dissipe naturellement.

Utilisez ces trois outils de manière interchangeable.

Ce sont votre bouton d'interruption d'urgence.

Ils exigent une action.

Ils refusent l'engagement.

Ils garantissent une pause.

# CHAPTER FOUR

## L'ILLUSION DE CONTRÔLE : COMMENT TENTER DE PILOTER L'INCONTRÔLABLE ÉPUISE 80 % DE VOTRE ÉNERGIE QUOTIDIENNE

Vous êtes fatigué.

Vraiment, profondément, fatigué jusqu'aux os.

Cette forme spécifique d'épuisement n'est pas physique.

C'est de la fatigue mentale.

C'est le sentiment d'une couverture lourde et pesante de vigilance perpétuelle.

Vous avez l'impression de pagayer dans un petit kayak en plastique.

En plein milieu d'un ouragan mondial.

Et vous tenez la pagaie si fermement.

Les jointures blanches.

Les yeux grands ouverts.

Prêt à diriger tout.

L'économie.

Le moral de votre partenaire.

Le marché boursier.

Le trafic sur l'I-95.

La dispute passée que vous avez eue il y a cinq ans.

La chronologie exacte de votre prochaine maladie.

Le destin politique collectif du monde occidental.

C'est l'Illusion de Contrôle.

C'est la croyance que si vous pensez juste assez fort.

Si vous vous inquiétez suffisamment bien.

Si vous formulez le parfait plan d'urgence en 17 étapes pour un événement qui a 2 % de chances de se produire.

Vous pouvez contrôler l'incontrôlable.

Cette illusion est le plus grand gouffre d'énergie dans l'expérience humaine moderne.

C'est un trou noir pour vos réserves mentales.

Nous dépensons 80 % de notre batterie quotidienne juste ici.

Essayer de déplacer des montagnes immuables.

Pourquoi faisons-nous cela?

Parce que l'incertitude ressemble à un danger.

Aux yeux du cerveau ancien, le contrôle équivaut à la sécurité.

Le homme des cavernes pouvait contrôler sa lance. Son feu. Son environnement immédiat.

Le contrôle était directement corrélé à la survie.

Votre cerveau fonctionne toujours avec ce logiciel ancien.

Il crie : Trouvez le danger ! Réparez le danger ! Contrôlez le résultat !

Mais vos dangers maintenant sont abstraits.

Ce sont des forces du marché. Ce sont les opinions des autres. Ce sont l'imprévisibilité du hasard de la vie.

Ces choses ne peuvent pas être corrigées par l'inquiétude.

Ce sont simplement en dehors de votre périmètre d'influence.

Votre anxiété n'est pas un signe d'avertissement d'un danger réel la plupart du temps.

C'est le système d'alarme interne qui se déclenche.

Parce que le cerveau détecte trop de variables qu'il ne peut pas influencer.

Il essaie désespérément de créer de l'ordre par la pensée obsessionnelle.

Il remplace la rumination par une véritable action.

Il vous dit : "Si vous arrêtez de vous inquiéter, vous arrêtez de vous soucier."

C'est le plus grand mensonge que l'Illusion de Contrôle vous raconte.

Le bruit est le son de vos rouages mentaux qui grattent la réalité.

C'est la résistance futile à ce qui est simplement.

Vous avez besoin d'un contrôle du périmètre.

C'est la vérité tranchante et immédiate qui vous libère.

C'est une pierre angulaire de la paix psychologique.

Les anciens Stoïciens l'ont découvert il y a deux mille ans.

Ils l'ont appelé la Discipline de l'Assentiment, ou simplement, la Dichotomie du Contrôle.

Dessinez un cercle.

À l'intérieur du cercle se trouve tout ce que vous contrôlez réellement.

Votre effort.

Votre intégrité.

Votre réponse à un événement.

Vos valeurs choisies.

Votre décision de commencer à nager ou de rester paralysé.

En dehors du cercle se trouve tout le reste.

Les pensées des autres à votre sujet.

Le résultat de votre projet.

La météo.

Le passé.

Les résultats futurs.

Le bruit que vous entendez en ce moment ?

C'est le son de votre cerveau frappant frénétiquement les murs de ce périmètre.

Essayant d'élargir le cercle.

Essayant de ramener l'incontrôlable à l'intérieur.

Ça ne fonctionne jamais. Cela épuise simplement le menuisier.

Pensez à l'effort que vous gaspillez.

Nous essayons de contrôler le passé.

Nous revivons des conversations au milieu de la nuit.

"Si seulement j'avais dit cette chose intelligente."

"Si seulement j'avais pas accepté cette réunion."

C'est un voyage dans le temps pour les masochistes.

Ça ne change rien.

Ça vole votre réalité actuelle.

Vous versez de l'énergie dans un seau sans fond.

Nous essayons de contrôler le futur.

Nous nous inquiétons pour cinq scénarios possibles qui pourraient se dérouler dans cinq ans.

Nous préparons la réplique parfaite à un argument qui ne s'est pas encore produit.

Nous pré-souffrons.

La pré-souffrance n'est que le coût d'essayer de contrôler ce qui n'est pas encore disponible.

Le futur est un résultat.

Vous pouvez influencer les intrants en ce moment.

Mais vous ne pouvez pas contrôler le résultat lui-même.

Le résultat appartient à l'extérieur du cercle.

Et puis il y a les gens.

C'est l'Illusion de Contrôle à son plus toxique et épuisant.

Nous passons tant de temps à gérer les autres.

Nous essayons de gérer leurs perceptions de nous.

Nous nous éditons soigneusement en temps réel.

Nous essayons de gérer leurs humeurs. Leurs décisions. Leur appréciation de notre travail acharné.

C'est une quête de fou construite sur du sable.

Vous pouvez inspirer. Vous pouvez influencer.

Vous pouvez communiquer votre vérité clairement.

Vous ne pouvez absolument pas contrôler leur état interne ou leurs choix ultérieurs.

Quand ils ne sont pas contents, c'est leur système météorologique.

Ce n'est pas votre devoir d'éloigner leurs nuages.

Vous n'êtes pas le météorologue. Vous êtes juste là à proximité.

Arrêtez d'essayer de changer les prévisions pour tous ceux qui vous entourent.

C'est épuisant. C'est intrusif. Et cela détruira votre paix à chaque fois.

Le moment où vous réalisez : Ce n'est pas à moi de diriger.

C'est à ce moment que la corde se relâche.

Le grand malentendu est que paix équivaut à reddition.

Que l'acceptation est une faiblesse.

Que laisser aller signifie que vous cesserez de vous soucier ou d'essayer.

C'est exactement le contraire.

L'acceptation radicale est une intelligence stratégique.

C'est un choix stratégique agressif qui économise de l'énergie.

Cela signifie que vous regardez la tempête incontrôlable—la récession, le client difficile, l'angoisse de santé, l'inévitable faillibilité humaine—et vous décidez :

Je ne vais pas gaspiller mon carburant limité à lutter contre le vent.

Je vais reconnaître la réalité de la tempête.

Je vais larguer l'ancre.

Et je vais concentrer chaque once d'effort sur ce qui m'appartient encore.

Mon action. Mon intégrité. Mon prochain pas.

C'est le moyen le plus rapide de retrouver la liberté mentale.

Cela libère une énergie monumentale.

L'énergie que vous utilisiez auparavant pour alimenter l'illusion de contrôle.

Lorsque l'anxiété frappe—ce sentiment de responsabilité écrasante—arrêtez.

Posez la question difficile et franche :

Cela est-il vraiment sous mon contrôle ?

La réponse sera presque toujours : Non.

Mon patron va-t-il respecter ma limite ? Peut-être. Je contrôle l'établissement de la limite.

Ce projet va-t-il réussir ? Peut-être. Je contrôle la qualité de mon travail.

Mon proche difficile va-t-il enfin changer de comportement ? Non. Je contrôle ma réaction à leur comportement.

Le pouvoir ne réside pas dans le résultat.

Il réside uniquement dans l'entrée.

Lorsque vous refusez d'essayer de saisir le gouvernail de l'univers, deux choses se produisent immédiatement :

Tout d'abord, votre bande passante mentale s'élargit.

Soudain, vous récupérez de l'énergie.

Vous pouvez appliquer ce drain de 80 % à une action constructive dans votre cercle.

Vous pouvez planifier votre travail au lieu de planifier vos inquiétudes.

Vous pouvez être présent dans une conversation au lieu de répéter les cinq prochains mouvements.

Ensuite, la panique se dégonfle.

La pression de responsabilité—l'idée que si vous essayiez juste un peu plus, vous pourriez empêcher de mauvaises choses d'arriver—s'évapore.

Vous réalisez que vous portiez un fardeau qui n'a jamais été le vôtre.

C'est la différence entre lutter violemment contre un courant qui va vous écraser.

Et tourner légèrement pour nager avec le courant, en se concentrant uniquement sur le fait de rester à flot.

Vous nagez toujours. Vous agissez toujours.

Mais la résistance inutile a disparu.

Vous cessez d'essayer de gagner la guerre contre la réalité.

Lorsque vous pratiquez cela, votre cerveau criera trahison.

Il interprétera cette acceptation comme de la paresse.

Il dira : "Vous abandonnez !"

Rappelez-lui doucement : "Non. Je choisis enfin de concentrer mes efforts là où ils comptent."

L'acceptation n'est pas une résignation passive.

C'est le choix le plus efficace qui soit.

C'est un choix de s'engager avec la réalité telle qu'elle est, pas telle que vous désirez désespérément qu'elle soit.

Cela stoppe la lutte.

Et arrêter la lutte est comment vous diminuez le volume du bruit perpétuel.

C'est comment vous colmatez la plus grande fuite dans votre réservoir d'énergie.

Laissez tomber ce lourd fardeau.

Vous n'avez pas à diriger l'océan.

Vous devez juste vous diriger vous-même.

## DECOUVERT : LE SYSTÈME DE CATÉGORISATION SIMPLE QUI LIBÈRE 90% DE VOTRE STRESS IMMÉDIATEMENT

Nous dépensons 80 % de notre énergie mentale chaque jour à lutter contre la gravité.

Nous sommes en désaccord avec des forces qui ne se soucient pas de nos opinions. Nous essayons de pousser contre le courant. Nous essayons de négocier avec le passé.

C'est inutile. C'est épuisant. C'est le mécanisme principal de presque tout stress chronique.

Nous avons besoin d'un moyen pour arrêter ce combat. Pas par une méditation sans fin. Pas par une pensée positive. Nous l'arrêtons en installant un filtre propre et logique dans notre esprit. Un système qui identifie les cibles que nous pouvons réellement atteindre.

Ce n'est pas une théorie. C'est un outil chirurgical.

C'est un système de classification en deux parties. Lorsque vous identifiez un point de stress—n'importe quelle pensée qui vous coupe le souffle, n'importe quelle peur qui rend vos mains moites—vous la forcez dans l'une de ces deux catégories.

Catégorie 1 : Le Cercle d'Influence.

Catégorie 2 : L'Océan de l'Incontrôlable.

Le but est de ne pas traiter l'océan comme si vous pouviez le diriger à mains nues.

Définissons-les sans pitié.

Le Cercle d'Influence (Catégorie 1) est minuscule. Il contient seulement quatre choses :

1. Votre Effort Aujourd'hui.
2. Votre Attitude (Votre interprétation des événements).
3. Votre Préparation (Votre planification et vos actions).
4. Votre Réponse (Comment vous réagissez à un résultat).

C'est tout. C'est votre entière juridiction.

L'Océan de l'Incontrôlable (Catégorie 2) est vaste. Il contient tout le reste.

Les opinions des autres à votre sujet.

L'économie l'année prochaine.

Le résultat d'un entretien d'embauche que vous avez déjà terminé.

La météo.

Le trafic.

La décision que votre patron va prendre.

Tout ce qui s'est passé hier.

Lorsque vous ressentez une montée d'anxiété, votre seul travail est d'effectuer un contrôle diagnostique.

Demandez-vous : Cette inquiétude relève-t-elle des quatre éléments du Cercle d'Influence ?

Si la réponse est oui, vous arrêtez de vous inquiéter et commencez à agir. Vous convertissez la pensée en action immédiate.

Si la réponse est non—et elle sera non 90 % du temps—vous devez pratiquer un relâchement immédiat et inconditionnel.

C'est le hack du stress. Le relâchement immédiat de l'inquiétude à propos de l'incontrôlable est ce qui fait fonctionner si rapidement le système. Vous n'essayez pas de résoudre le problème ; vous décidez si le problème vous appartient réellement.

Imaginez que vous conduisez et que vous êtes bloqué dans un trafic inattendu.

Le Cerveau Mal Fonctionnant : Cela va me retarder. Tout le monde va me juger. Pourquoi n'ai-je pas quitté plus tôt ? C'est injuste.

C'est la Fusion. Vous essayez d'influencer le flux de deux mille voitures qui vous entourent. Vous essayez d'influencer le jugement interne de votre patron. Vous échouez. Vous brûlez de l'énergie.

Le Cerveau Orienté Code : Attendez. Le trafic est-il dans mon Cercle d'Influence ? Non. Ma réaction l'est-elle ? Oui.

Le bruit s'arrête.

Que change-t-il ? Vous changez votre focus. Vous vous concentrez sur la seule chose que vous pouvez contrôler : votre réponse. Vous utilisez le temps supplémentaire pour écouter un podcast utile. Vous envoyez un message texte rapide et neutre. Vous ajustez votre respiration.

Le problème de circulation ne disparaît pas, mais le stress concernant le problème de circulation—la couche secondaire de panique, la tentative frénétique de diriger ce qui ne peut pas être dirigé—retombe instantanément à zéro.

C'est 90 % du stress libéré immédiatement.

Nous confondons préoccupation et contrôle. Nous pensons que parce que nous nous soucions, nous devons avoir le pouvoir de modifier la situation. C'est une tragique erreur psychologique.

Vous pouvez être préoccupé par la perte d'emploi d'un ami. Vous pouvez les aimer. Vous pouvez offrir de l'aide. Mais vous ne pouvez pas les forcer à envoyer de nouvelles candidatures. Leur effort appartient à leur cercle. Votre soutien appartient au vôtre.

Si vous passez cinq heures à ruminer sur quelque chose qui appartient clairement à l'Océan de l'Incontrôlable, vous drainez votre force vitale pour absolument aucun retour. Vous commettez un crime de futilité contre votre propre système nerveux.

La clarté est l'ultime outil de pouvoir. Lorsque vous êtes clair sur les limites de votre pouvoir, vous cessez d'attaquer des murs qui refusent de bouger, et vous commencez à construire des portes aux endroits où vous avez réellement juridiction.

Le premier pas vers la paix n'est pas de se sentir calme. Le premier pas vers la paix est de savoir exactement ce que vous êtes autorisé à toucher.

Trier les pensées. Tracer la ligne. Relâcher le reste. Faites-le maintenant.

## LE PIÈGE DE LA FUTILITÉ : POURQUOI SOUHAITER QUE LES CHOSES SOIENT DIFFÉRENTES EST UN CHEMIN GARANTI VERS LA SOUFFRANCE ET L'ÉPUISEMENT

Vous connaissez la sensation de véritable, profonde épuisement. Ce n'est pas une fatigue physique. C'est l'épuisement de l'âme.

Cette exhaustion est causée par une chose. C'est l'effort nécessaire pour argumenter avec la réalité.

Vous détestez la situation actuelle. Vous souhaiteriez qu'elle soit différente. Vous dépensez de l'énergie mentale à essayer d'annuler le passé. Vous essayez d'imposer un présent différent. Cet effort est ce que nous appelons le Piège de l'Inutilité. C'est un chemin garanti vers la souffrance. Cela garantit une fatigue complète.

Cessez de souhaiter que cela ne se soit pas produit. Cela s'est produit.

Cessez de souhaiter que le marché ne se soit pas effondré. Il s'est effondré.

Cessez de souhaiter que cette conversation se soit déroulée différemment. C'est fini maintenant.

Le passé est un événement permanent et fixe. Souhaiter ne change rien aux faits. Cela ne fait que enchaîner votre esprit à ce que vous ne pouvez pas changer. Vous demandez un résultat différent d'un événement conclu. C'est la définition de la friction mentale. Vous combattez la structure même du temps. Vous perdrez ce combat chaque fois.

Ensuite, il y a le piège des autres.

Vous voulez désespérément que quelqu'un s'excuse. Vous voulez que votre partenaire comprenne votre douleur. Vous voulez que votre patron reconnaisse votre effort. Vous voulez que votre famille se comporte de manière mature.

Cessez cela. Vous n'avez aucun contrôle ici.

Vous ne pouvez pas gérer les pensées des autres. Vous ne pouvez pas forcer leurs émotions. Vous ne pouvez pas dicter leurs actions. Les gens sont des nations souveraines. Ils fonctionnent selon leur propre logique désordonnée.

Vous dépensez d'énormes quantités d'énergie à essayer de les orienter. Vous essayez de manipuler l'environnement. Vous construisez des scénarios élaborés dans votre esprit pour justifier leur changement. Vous essayez de raisonner l'irraisonnable. Cet effort est le plus grand drain sur votre batterie mentale.

Essayer de contrôler le comportement d'une autre personne est toujours un acte de violence contre soi-même. Vous liez votre paix à leur imprévisibilité. Cela garantit de l'anxiété. Cela garantit du ressentiment.

L'inutilité de cet effort est absolue.

Vous ne pouvez pas faire en sorte que quelqu'un voie la vérité. Vous ne pouvez pas forcer la compréhension. Vous pouvez seulement communiquer votre vérité. Ensuite, vous devez libérer le résultat.

Chaque heure que vous passez à souhaiter que votre ami soit plus compréhensif est une heure perdue. Chaque moment que vous passez à exiger que votre partenaire soit moins stressé est un moment de tension auto-imposée.

Acceptez cette profonde limitation. Vous ne pouvez contrôler que votre propre action. Vous ne pouvez contrôler que votre réponse. Vous ne pouvez gérer que votre effort. C'est la limite de votre sphère de pouvoir.

Libérez le souhait d'une excuse parfaite. Libérez l'exigence d'une compréhension parfaite. Libérez le besoin que les choses soient justes.

Lorsque vous lâchez la corde dans le tug-of-war contre la réalité, vous êtes soudainement libre. Ce n'est pas un abandon. C'est une conservation stratégique. Vous reprenez les 80 % d'énergie que vous gaspillez sur des objectifs impossibles.

La réalité est lourde. Vous ne pouvez pas la soulever. Cessez d'essayer. Reconnaissez ce qui est vrai en ce moment. Commencez à partir de là. C'est la seule échappatoire du piège.

## ACCEPTATION RADICAL: POURQUOI 'ABANDONNER' EST EN RÉALITÉ LE CHOIX STRATÉGIQUE LE PLUS AGRESSIF ET ÉCONOMISEUR D'ÉNERGIE QUE VOUS POUVEZ FAIRE

Nous devons parler du mot "acceptation".

C'est le mot le plus sale dans le lexique du développement personnel.

Ça sonne faible. Ça sonne passif. Ça sonne comme jeter l'éponge, soupirer profondément et abandonner vos objectifs.

Je vous promets, rien ne pourrait être plus éloigné de la vérité.

Si vous êtes une personne motivée — et je sais que vous l'êtes, sinon vous ne liriez pas cela — vous considérez la résistance comme une vertu. Vous considérez la lutte comme nécessaire. Vous croyez que lutter contre ce qui est indésirable est comment vous réussissez.

Mais il y a une catégorie spécifique de combat qui n'est pas héroïque. C'est idiot. C'est dévastateurement coûteux.

Ce combat est de résister à la réalité.

L'acceptation radicale n'est pas aimer la situation. Ce n'est pas être d'accord avec la situation. C'est simplement déclarer : "Cette chose est vraie en ce moment."

La différence entre un choix stratégique et une spirale de mort psychologique est entièrement définie par ce point unique.

Pensez à l'énergie pure et gaspillée de souhaiter. Souhaiter que le marché ne se soit pas effondré. Souhaiter que cette personne horrible ne se soit pas comportée de cette façon. Souhaiter que l'accident ne se soit pas produit il y a cinq ans.

Ce monologue interne de "Si seulement..." est un immense drain constant. C'est vous faisant tourner votre moteur à 8 000 tours/minute tout en étant coincé au point mort. Vous brulez du carburant. Vous générez de la chaleur. Vous créez du bruit. Mais vous ne bougez pas d'un pouce.

Le marché s'est effondré. Cette personne s'est mal comportée. L'accident s'est produit.

Discuter de ces faits, c'est discuter de l'histoire. L'histoire ne se soucie pas de votre argument. L'événement est complet.

Lorsque vous pratiquez l'acceptation radicale, vous faites le mouvement le plus agressif et économiseur d'énergie possible. Vous refusez de gaspiller un joule d'effort mental à essayer d'annuler mentalement ce qui est déjà fait.

C'est la redirection ultime des ressources.

Lorsque vous refusez d'accepter la réalité, vous appliquez constamment une pression contre une porte fermée. Cette pression nécessite de l'énergie. Cette énergie crée de l'anxiété et de la rumination.

Lorsque vous acceptez radicalement la réalité — lorsque vous vous levez, regardez la porte et dites : "D'accord, la porte est fermée, et mon histoire est ce qu'elle est" — vous libérez instantanément cette pression.

Le résultat immédiat n'est pas une faiblesse. Le résultat immédiat est un afflux d'énergie disponible. C'est un changement tactique décisif.

Vous n'abandonnez pas l'idée d'améliorer les choses. Vous abandonnez le combat contre le terrain.

C'est la différence entre le général qui discute avec la carte parce qu'il n'aime pas les montagnes, et le général qui accepte instantanément les montagnes et fait pivoter son armée autour d'elles.

Le premier général se bloque et meurt de faim. Le deuxième général gagne la campagne.

L'acceptation radicale est le moment où vous passez de la victime impuissante du passé à l'architecte agressif du futur. Elle vous oblige à poser la seule question qui importe : Et maintenant ?

Elle élimine la petite fête de pitié de "Pourquoi moi ?" qui est si confortable, mais si coûteuse.

Nous confondons souvent l'acceptation avec la résignation. La résignation dit : "Je suppose que je vais juste vivre avec ce horrible sentiment pour toujours."

L'acceptation dit : "J'accepte que cette situation terrible soit vraie maintenant, et parce que j'accepte cette vérité, je ne passe plus d'énergie à lutter contre elle. Toute cette énergie est maintenant libre pour construire une vie meilleure commençant dans les cinq prochaines secondes."

C'est l'état mental le plus agressif à votre disposition.

Cela signifie refuser d'être un prisonnier des circonstances. Cela signifie déclarer la souveraineté sur vos ressources internes. Cela signifie dire au bruit : "Je vous reconnais, mais je ne vais pas participer à votre combat inutile."

C'est le hack énergétique ultime. C'est le refus de payer les intérêts psychologiques sur des dettes qui ont déjà été réglées.

Cessez de discuter des faits de votre vie. Acceptez la température de la pièce. Acceptez le mauvais comportement des autres. Acceptez la vérité de votre compte bancaire.

Ne l'aimez pas. Ne l'approuvez pas. Reconnaissez simplement sa présence.

Dans cette reconnaissance féroce et honnête, vous reprenez votre pouvoir. Vous libérez instantanément 80 % de l'énergie mentale que vous gaspilliez sur la résistance.

C'est ainsi que vous commencez à construire. C'est ainsi que vous économisez votre force pour les choses qui comptent vraiment. Ce n'est pas un abandon. C'est une profonde supériorité stratégique.

## LES ZONES À HAUT RENDEMENT: REDIRIGER L'ÉNERGIE DE CONTRÔLE VERS UNE AMÉLIORATION DE SOI PRODUCTIVE (LE CADRE DE ROI 10X)

VOUS VENEZ DE CRÉER UN SURPLUS D'ÉNERGIE.

Vous avez lâché prise sur l'immense univers indifférent.

Cette panique. Ce besoin de prévoir chaque tragédie. Cette exigence de résultats parfaits. Cela prenait 80 % de votre bande passante opérationnelle. Cette énergie est maintenant libre.

C'est un immense gain.

La prochaine étape critique est un investissement stratégique. Vous ne pouvez pas simplement laisser cette énergie s'accumuler et stagner, sinon elle deviendra immédiatement du bruit. Elle trouvera quelque chose de nouveau dont s'inquiéter.

Au lieu de cela, nous la redirigeons. Nous canalisons ce vif désir de contrôle dans les rares domaines où le contrôle existe réellement.

C'est le Cadre de ROI 10x. Nous voulons un retour maximum sur notre investissement mental. Nous arrêtons de polir les choses externes rouillées. Nous nous concentrons uniquement sur l'affûtage des mécanismes internes.

Où veut aller le cerveau inquiet ? Il veut réparer la politique mondiale. Il veut changer la personnalité de votre patron. Il veut inverser le temps.

Où doit aller l'énergie à fort levier ?

Elle doit aller ici.

La zone à fort levier 1 : Votre base biologique.

La zone de contrôle la plus profonde et la plus négligée est votre propre moteur physique. Quand le cerveau est bruyant, le corps crie généralement aussi.

Votre surmenage chronique garantit un sommeil de mauvaise qualité. Un sommeil de mauvaise qualité garantit une instabilité mentale. Votre dépendance au café garantit des chutes d'adrénaline.

Vous ne pouvez pas penser à la paix si votre corps fonctionne à l'essence.

Le retour sur investissement de 10x sur le contrôle physique est instantané. Un meilleur sommeil est une dissipation instantanée de la pensée. Un mouvement constant est une décharge instantanée de l'anxiété. Un bon carburant stabilise la glycémie, ce qui stabilise l'humeur.

Demandez-vous : Est-ce que j'utilise mon énergie de contrôle pour m'inquiéter de la macroéconomie, ou est-ce que je l'oriente pour m'assurer de boire suffisamment d'eau et d'aller me coucher à une heure prévisible ?

Concentrez votre impulse de contrôle sur l'hygiène du sommeil. Sur l'apport nutritionnel. Sur les 20 minutes d'effort physique quotidien que vous devez à votre système de stress.

C'est 100 % à l'intérieur de votre sphère d'influence. C'est là que le contrôle rapporte des dividendes.

La zone à fort levier 2 : L'empilement des compétences essentielles.

Une source massive d'inquiétude est enracinée dans l'inadéquation perçue. Ai-je assez d'argent ? Suis-je assez bon dans mon travail ? Vais-je m'en sortir si tout s'effondre ?

Vous ne pouvez pas contrôler l'économie. Vous ne pouvez pas contrôler la prochaine baisse de votre secteur.

Mais vous contrôlez absolument votre ensemble de compétences essentielles.

Votre énergie de contrôle devrait être redirigée de l'anticipation de la catastrophe vers la construction d'une armure. S'inquiéter de la sécurité de votre emploi est à faible levier. Passer trente minutes chaque jour à apprendre une nouvelle compétence sur le marché est un retour sur investissement de 10x.

S'inquiéter d'une potentielle catastrophe financière est épuisant. Créer un petit revenu annexe est responsabilisant.

Prenez l'énergie que vous dépensiez à répéter de futurs échecs. Réinvestissez-la dans la maîtrise de la compétence actuelle. Lorsque vous vous sentez compétent, le bruit intérieur concernant l'inadéquation se réduit instantanément. L'action guérit ce genre de peur. L'inquiétude ne le fait pas.

La zone à fort levier 3 : Normes et limites environnementales.

Nous dépensons une énergie énorme à essayer de gérer les sentiments et les réactions des autres. C'est sans levier. Essayer de contrôler comment votre belle-mère vous perçoit ? Essayer de s'assurer que votre collègue livre à temps ? Futile.

Mais vous avez un contrôle absolu sur votre environnement et les normes que vous y établissez.

Vous redirigez l'énergie de contrôler les autres vers le contrôle de vos murs.

Cela signifie maîtriser le "Non" non négociable. C'est une protection personnelle agressive. Dire "Non" à une obligation sociale libère des heures d'énergie que vous auriez passées à anticiper le conflit.

Cela signifie établir des murs de communication clairs avec les personnes difficiles. Vous ne pouvez pas changer leur réaction, mais vous pouvez changer votre participation. Vous contrôlez la durée de la conversation. Vous contrôlez les informations que vous partagez. Vous contrôlez le temps que vous laissez à leur chaos.

Au moment où vous redirigez cette énergie de la gestion de leurs attentes vers l'application de vos propres limites, vous retrouvez la paix.

C'est un échange impitoyable et discipliné.

Cessez d'essayer de gérer le résultat d'une réunion que vous avez déjà terminée.

Commencez à contrôler de manière agressive les éléments de votre vie : votre corps, vos compétences et vos murs.

C'est ce que signifie le stoïcisme, passer d'une acceptation passive à un effort actif. Nous ne renonçons pas seulement à l'illusion du contrôle ; nous relocalisons stratégiquement cette énergie de contrôle vers l'amélioration personnelle à haut rendement. La différence est mesurable. Le retour est garanti.

# CHAPTER FIVE

## LE HACK DE L'ANNULATION DU BRUIT : TECHNIQUES PRATIQUES POUR APAISER LES RÉACTIONS ÉMOTIONNELLES SANS SUPPRESSION TOXIQUE

Vous détestez ressentir des choses profondément.

Disons-le clairement.

Vous ne voulez pas de paix parce que vous aimez le calme. Vous voulez la paix parce que vous êtes fatigué de la chaleur constante et brûlante de vos propres réactions émotionnelles.

La colère éclate.

La peur vous paralyse.

La honte s'abat sans avertissement.

Et à chaque fois, vous pensez : Je dois arrêter ça. Je dois me débarrasser de ce sentiment. Je dois le refouler pour pouvoir fonctionner.

C'est le mensonge qui garantit le chaos.

C'est le piège de la suppression.

Nous confondons la véritable maîtrise émotionnelle avec la surdité émotionnelle. Nous pensons que calmer le bruit signifie tuer le messager. Nous pensons que la force signifie ne rien ressentir.

La suppression toxique est l'acte de faire semblant qu'un sentiment n'existe pas. Vous l'enfoncez profondément dans votre sous-sol mental, verrouillez la porte, puis dépensez toute votre énergie à rester assis sur le couvercle, terrifié qu'il puisse s'ouvrir.

Il s'ouvre toujours.

Il ne disparaît pas. Il ne se dissout pas. Il se transforme simplement en quelque chose de plus vilain : fatigue chronique, éclats aléatoires de passivité agressive, ou ce nœud serré et immuable dans vos épaules qu'aucun massage ne peut résoudre.

Le but de la régulation émotionnelle n'est pas d'atteindre l'état d'un maître zen qui sourit béatement à la tragédie. L'objectif est de devenir perméable.

Nous voulons permettre à la vague de passer à travers le rivage, plutôt que d'essayer de construire un mur contre l'océan.

Ce chapitre est le manuel de ce processus. C'est le hack de l'annulation du bruit. Il vous permet d'entendre le son de la sirène sans fusionner avec la fréquence. Il vous permet de ressentir la vérité profonde, laide et nécessaire de votre émotion actuelle sans la laisser dicter votre comportement, ruiner votre semaine ou détruire votre relation.

Il exige de traiter, pas d'ignorer.

Ça commence par une reconnaissance essentielle.

Le sentiment n'est pas le fait.

Le sentiment est un message interne. C'est un point de données biologique. Mais au moment de l'intensité, nous nous fusionnons avec le sentiment. Nous croyons que le sentiment est toute la réalité.

Le sentiment de panique fait que le monde entier semble dangereux.

Le sentiment de honte nous fait croire que nous ne valons intrinsèquement rien.

Nous oublions que ce n'est qu'un bain chimique. Nous oublions que c'est de l'énergie.

Vous devez apprendre à traiter l'énergie avant que l'esprit ne tisse l'histoire destructive autour d'elle. Si vous essayez d'argumenter avec l'histoire pendant que l'énergie est encore brûlante, vous perdez à chaque fois.

Vous devez d'abord gérer la chaleur.

Le premier pas dans l'annulation du bruit consiste à localiser le signal.

Nous sommes si bons pour parler de nos sentiments—parler autour d'eux, argumenter à leur sujet, intellectualiser—que nous oublions de les localiser réellement dans le corps.

L'expérience émotionnelle est fondamentalement somatique. Elle se produit dans la chair. Elle se produit dans vos organes.

Les pensées ne sont que l'interprétation bruyante et désordonnée de cette sensation physique.

Cessez de demander : « Pourquoi suis-je si anxieux ? »

Commencez à demander : « Où vit l'anxiété en ce moment ? »

C'est le pivot physique. C'est le ancrage radical qui remplace le comité hurlant.

Lorsque l'anxiété frappe, c'est bruyant. Elle demande votre pleine attention. Elle exige une histoire. Elle exige une action. Elle a besoin que vous preniez votre téléphone et que vous textiez la personne qui vous a ennuyé. Elle a besoin que vous catastrophisiez votre fonds de retraite.

Ne lui donnez pas le combustible narratif.

Localisez juste cela.

La peur vit comme un bourdonnement dans mes paumes. La honte est un poids de plomb derrière mon sternum. La frustration est un feu derrière mes yeux.

Lorsque vous l'identifiez comme donnée physique—comme un picotement, une tension, une chaleur—vous dépouilles immédiatement de son pouvoir psychologique. Cela cesse d'être une crise existentielle et devient un événement physiologique.

Et les événements physiologiques peuvent être gérés. Ils peuvent être déplacés.

Votre esprit est un brillant et terrifiant conteur. Mais votre corps est simple. Votre corps répond à la gravité, à la respiration, et à la température.

Lorsque vous localisez le sentiment dans le corps, vous pouvez alors appliquer la physique. Vous passez du domaine désordonné de la philosophie au domaine prévisible de la biologie.

C'est la différence fondamentale entre le traitement et la suppression.

La suppression dit : Ignorez la poitrine serrée.

Le traitement dit : Reconnaissez la poitrine serrée. Respirez dedans. Ressentez la tension, sachant qu'elle est temporaire. Permettez à la sensation d'être exactement ce qu'elle est.

Cela n'est pas une soumission passive. C'est une observation stratégique et objective.

Vous devez comprendre la chimie de l'intensité.

Dr. Jill Bolte Taylor, la neuroanatomiste, a déclaré célèbrement que la durée chimique d'une émotion pure et non altérée—le rush d'adrénaline, la libération de cortisol—ne dure que quatre-vingt-dix secondes.

Quatre-vingt-dix secondes.

C'est la vague. Le pic et la chute.

Si vous êtes en colère pendant une heure, ou anxieux pendant trois jours, vous ne ressentez plus l'émotion pure et originale. Vous ressentez la boucle.

Vous revivez la décharge chimique initiale de 90 secondes, puis votre cerveau redémarre instantanément le chronomètre en vous alimentant en nouveau carburant narratif.

C'est de là que vient le bruit.

« Vous avez raison d'être en colère », dit la voix intérieure. « Vous vous souvenez à quel point ils étaient irrespectueux mardi dernier ? Et qu'en est-il de cette fois, il y a trois ans, où votre ancien patron a utilisé le même tour ? C'est un schéma. Vous devez vous battre. »

Et bam. Vous êtes chimiquement revenu à zéro minute.

Le hack de la réduction du bruit ici est d'apprendre à survivre aux 90 secondes sans ajouter de narration.

Quand le sentiment frappe—la peur soudaine et accablante—vous devez mettre en œuvre la micro-pause.

Arrêtez tout.

Juste un instant.

Ne fuyez pas. Ne faites pas défiler. Ne vous emportez pas.

Dites : « Je ressens X. » Utilisez un mot précis si vous le pouvez : rage, terreur, tristesse intense.

Ensuite, engagez-vous à observer le sentiment sans bouger pendant 90 secondes.

C'est incroyablement difficile. Chaque terminaison nerveuse va crier pour que vous agissiez. L'anxiété veut que vous paniquiez. La culpabilité veut que vous confessiez quelque chose que vous n'avez pas fait. La jalousie veut que vous vérifiiez leur téléphone.

Votre travail est simplement de rester immobile et de laisser la tempête chimique faire rage à l'intérieur de son conteneur de 90 secondes.

Vous respirez. Vous localisez la sensation. Vous observez la chaleur, le tremblement, le souffle court.

Lorsque vous faites cela, vous interférez efficacement avec la capacité du cerveau à redémarrer la boucle. Vous séparez le signal pur du bruit toxique.

Vous dites : « J'entends la détresse, mais je refuse la narration qui justifie la détresse perpétuelle. »

C'est du courage émotionnel. Le vrai courage n'est pas de nier la peur. Le vrai courage est de sentir la peur, de lui accorder les 90 secondes qu'elle mérite, puis de choisir votre prochaine action d'un lieu de refroidissement biologique, pas d'urgence chimique.

Le hack de la réduction du bruit implique également des techniques physiques de décharge. Nous entrerons dans les secrets somatiques plus tard, mais comprenez cela maintenant : Les émotions sont de l'énergie cinétique stockée.

La rage est de l'énergie de combat verrouillée.

La peur est de l'énergie de fuite verrouillée.

Si vous ressentez une émotion intense et que vous vous asseyez juste là à essayer de la méditer, vous créez une cocotte-minute. L'énergie a besoin d'une sortie non destructive.

Quand vous ressentez une frustration accablante—le genre qui fait mal aux dents—vous n'avez pas besoin de parler de votre traumatisme d'enfance. Vous devez physiquement déplacer l'énergie.

Vous devez perturber le schéma interne.

Vous devez vous éloigner du bureau. Secouez vigoureusement vos mains pendant trente secondes. Faites dix grandes expirations bruyantes. Allez courir en montant et descendant les escaliers deux fois.

Ce n'est pas une distraction. C'est un redémarrage physiologique.

Vous dites à votre système nerveux : « Je reconnais la réponse de combat que vous avez initiée, mais nous n'en avons pas besoin en ce moment. Je décharge consciemment l'adrénaline afin que nous puissions revenir à la sécurité. »

Lorsque vous gérez l'énergie physique de l'émotion, le bruit mental diminue automatiquement. Le comité commence à chuchoter au lieu de crier.

Cette approche—localiser, laisser passer la vague de 90 secondes, et décharger—est exactement l'opposée de la suppression. La suppression est passive. Cela est un engagement actif et conscient avec votre chaos intérieur.

C'est ainsi que nous apprenons à apaiser la réaction sans tuer le sentiment.

Parce qu'au final, nous ne voulons pas tuer le sentiment. Les sentiments donnent de la couleur à la vie. Ils nous disent quand les limites ont été franchies. Ils nous disent quand nous avons besoin de changement.

Nous voulons juste les empêcher de nous rendre fonctionnellement inutiles. Nous voulons arrêter la réaction de devenir la réalité.

Nous voulons la réduction du bruit. Nous baissons le volume pour pouvoir enfin entendre le signal, au lieu de simplement la statique.

## LE MENSONGE DU 'BIEN' : PASSER AU-DELÀ DU STRESS GÉNÉRIQUE POUR UNE IDENTIFICATION ÉMOTIONNELLE PRÉCISE (LE HACK DE CLARTÉ QUI PERMET LA GESTION)

Nous devons parler du mot en 'F'.

Pas celui qui est amusant. Celui qui est dommageable.

Bien.

Comment ça va ? Bien. Comment va le travail ? Bien. Comment se développe votre sentiment existentialiste d'angoisse ? Oh, ça va.

« Bien » est une reddition linguistique. C'est le son de votre cerveau claquant la porte sur une observation honnête. C'est un mécanisme de défense construit à partir de l'épuisement.

Pourquoi y avons-nous recours ?

Parce que la précision semble dangereuse. Cela signifie engagement. Cela signifie que nous devons réellement traiter la chose.

Il en va de même pour l'étiquette légèrement plus sophistiquée, mais tout aussi inutile : Stressé.

Vous vous sentez stressé. D'accord. C'est comme appeler un problème de voiture "cassé". Cela ne dit rien au mécanicien. Est-ce le moteur ? Le pneu crevé ? Le volume de la radio ?

Si vous parcourez la journée en vous disant : « Je suis stressé », votre cerveau entend une alerte forte et confuse. Il enregistre un danger global. Il crie, mais il ne peut pas localiser le feu.

Cela devient un bruit chronique et flou.

Le secret de la gestion émotionnelle est presque absurdement simple. C'est la clarté.

La clarté est le hack ultime.

La gestion des états psychologiques complexes nécessite une précision chirurgicale, pas un antibiotique à large spectre. Vous ne pouvez pas réparer ce que vous ne pouvez pas définir. Vous ne pouvez définir que ce que vous pouvez séparer.

Pensez à votre état émotionnel comme un ensemble de fils enchevêtrés. S'ils sont tous bloqués ensemble et que vous étiquetez le paquet ANXIÉTÉ, vous ne pouvez pas trouver le court-circuit. Vous devez crier sur tout le désordre.

Ce que nous devons faire, c'est devenir des taxonomistes émotionnels méticuleux. Nous devons tirer les fils séparément.

La question clé n'est pas : « Combien de stress ai-je ? »

La question utile, génératrice de pouvoir est : « Quelle émotion spécifique alimente ce bruit ? »

Nous devons échanger l'instrument émoussé du « stress » contre le scalpel aiguisé de la vérité.

C'est presque jamais juste le « stress ».

Souvent, ce sentiment que vous appelez stress est en réalité du ressentiment. Du ressentiment que vous ayez dit oui alors que vous vouliez désespérément dire non. Du ressentiment que vous portiez le fardeau de quelqu'un d'autre.

Souvent, ce bourdonnement d'anxiété est de la honte. La honte à propos de quelque chose que vous avez fait la semaine dernière. La honte à propos de quelque chose que vous vous sentez inqualifié pour gérer.

Souvent, ce sentiment d'angoisse est du chagrin. Du chagrin pour une ancienne vie, une opportunité perdue, ou une relation qui est fondamentalement différente maintenant.

Remarquez le changement de pouvoir fondamental.

Si je vous dis : « Je me sens stressé », vous me donnez une boule de bain à la lavande.

Si je me dis : « Je ressens un profond ressentiment parce que j'ai accepté de gérer ce projet alors que je suis déjà submergé », je sais exactement quel outil utiliser. La solution n'est pas la pleine conscience. La solution est de poser des limites. La solution est une conversation difficile.

Si je me dis : « Je ressens de l'anxiété », le bruit continue.

Si je me dis : « Je ressens une peur d'inadéquation concernant la présentation de mardi prochain », le cerveau peut alors activer la fonction de résolution de problèmes : Préparer des diapositives. Répéter. Chercher un coaching.

Le sentiment se réduit d'une menace globale à une tâche spécifique et abordable.

C'est le pouvoir de la précision. C'est pourquoi nous allons au-delà de « bien ».

Chaque fois que vous étiquetez avec précision une expérience interne —Je suis frustré. Je me sens seul. Je suis envieux. Je suis submergé par le volume d'emails—vous créez immédiatement de l'espace. Vous séparez le soi du bruit.

C'est comme prendre un monstre qui était informe et mesurait dix pieds de haut, et le réduire à une boîte étiquetée et gérable sur une étagère.

Une fois que c'est une boîte, vous pouvez décider de l'ouvrir, de l'archiver, ou de la jeter.

Mais d'abord, vous devez lire l'étiquette.

Arrêtez d'être poli avec votre douleur. Arrêtez de généraliser votre souffrance. Soyez spécifique. Soyez brutalement honnête. Cette honnêteté est le préalable absolu à la gestion.

Nommez-le précisément. Gérez-le efficacement.

# DISTINCTION CHOQUANTE : COMMENT TRAITER UNE DOULEUR PROFONDE SANS TOMBER DANS DES CYCLES DE VICTIMISATION OU DE RUMINATION

La douleur profonde n'est pas le problème.

Le problème est ce que nous faisons avec la douleur.

La plupart des gens confondent un cycle sans fin avec un travail profond. Ils pensent que si ils se sentent mal assez longtemps, ils résolvent le problème d'une certaine manière.

Ils ne le sont pas. Ils se contentent de faire tourner la mémoire en boucle.

Nous avons besoin d'une distinction puissante ici.

Il y a un traitement.

Et il y a se punir avec le passé.

Le traitement est propre. Il est aigu. Il a un but.

Quand vous traitez la douleur, vous ressentez le sentiment. Vous permettez au chagrin de circuler. Vous reconnaissez la rage. Vous donnez à l'émotion ses 15 minutes de gloire.

Le but du traitement est l'intégration. C'est la décharge.

Ça ressemble à pleurer jusqu'à ce que vous soyez vide. Ça ressemble à écrire la lettre nécessaire puis à la déchirer.

Ça se concentre sur la réalité présente de la perte. Ça vous pousse vers un avenir où cette perte est intégrée.

Il s'agit du sentiment.

C'est toujours limité dans le temps.

La rumination est l'opposée.

La rumination est collante. Elle est chronique. Elle est perpétuelle.

Le but de la rumination est de prouver à nouveau l'injustice. C'est recycler les faits pour trouver un nouvel angle de souffrance.

Ça ne résout jamais rien. Ça garde juste la plaie à vif.

Il s'agit de l'histoire.

Le statut de victime va encore plus loin. Il prend cette histoire brute et l'unit à votre identité.

Lorsque la douleur est traitée, c'est un événement qui vous est arrivé.

Lorsque la douleur se transforme en statut de victime, cela devient qui vous êtes.

Je suis une victime de cette trahison. Je suis une personne qui a été lésée.

Cette fusion est catastrophique.

Pourquoi ?

Parce que si l'identité est liée à la douleur, vous êtes obligé de maintenir la douleur en vie pour conserver l'identité.

Vous devenez incité à vous accrocher à la souffrance.

Au moment où vous lâchez prise de la douleur, vous risquez de perdre l'histoire. Vous risquez de perdre le public sympathique. Vous risquez de perdre le récit qui vous définissait.

Voilà pourquoi le statut de victime est le piège ultime. Il transforme la guérison en auto-trahison.

La distinction clé est la suivante :

Traitement sain : Se concentre sur l'émotion interne et l'action que vous pouvez prendre maintenant. Il demande, "Que dois-je ressentir ?" et "Quel est mon prochain mouvement ?"

Cyclage malsain (Rumination/Victimisation) : Se concentre sur les détails externes et les actions des autres. Il demande, "Pourquoi cela m'est-il arrivé ?" et "Comment puis-je prouver que j'ai été maltraité ?"

Vérifiez votre sortie.

Si vous réexaminez les textes spécifiques, le ton spécifique, la date spécifique de l'argument — c'est de la rumination. Vous cherchez la justice dans les détails, ce qui est impossible.

Si le récit de votre douleur nécessite une réaction immédiate et spécifique de l'auditeur — sympathie, indignation, validation — c'est le statut de victime. Vous cherchez un paiement émotionnel.

Le traitement semble épuisant mais purifiant.

Le cyclage semble épuisant et épuisant.

Choisissez la purification. Ressentez la douleur. Laissez-la circuler. Déchargez-la.

Ne laissez pas la douleur devenir votre adresse permanente.

La douleur mérite du respect. Elle mérite d'être ressentie.

Elle ne mérite pas d'être le centre permanent de votre monde.

Séparez la plaie de l'identité.

Cette séparation est là où commence la liberté.

## EXPOSÉ : LE SECRET SOMATIQUE DE L'ANXIÉTÉ (3 MANIÈRES PHYSIQUES SIMPLES DE DÉCHARGER LA TENSION ÉMOTIONNELLE EN MOINS DE 60 SECONDES)

Vous avez passé tellement de temps à essayer de penser pour sortir de l'anxiété.

Vous avez essayé d'analyser la pensée.

Vous avez essayé de remettre en question la croyance.

Vous avez essayé d'être logique avec le comité qui crie.

Et ça a échoué parce que vous avez manqué le secret critique.

L'anxiété n'est pas seulement dans votre esprit. C'est de l'énergie stockée.

C'est une dette physique.

L'anxiété, à son cœur, est une expérience somatique. C'est le résidu physiologique d'une réponse de combat ou de fuite qui n'a jamais eu lieu. Vous avez eu le déversement d'adrénaline. Vous avez eu le pic de cortisol.

Mais comme vous ne pouviez pas frapper votre patron ou fuir le paiement hypothécaire, cette énergie a été piégée.

Où va-t-elle ?

Dans votre mâchoire. Dans votre cou. Dans votre diaphragme. Dans le bas de votre dos.

La tension chronique que vous portez est la manière dont le corps maintient cette énergie explosive réprimée. Vous dépensez des quantités massives d'énergie physique à vous maintenir ensemble.

Nous devons cesser de traiter l'anxiété comme un trouble purement mental. C'est un état d'alerte de tout le corps. Si vous voulez un calme vrai et rapide, vous devez décharger le carburant physique.

Nous avons besoin de boutons de réinitialisation physiques. Pas d'affirmations.

Voici trois manières simples, gratuites, et physiques de décharger la tension émotionnelle piégée en moins de soixante secondes. Elles sont rudimentaires. Elles sont rapides. Elles fonctionnent.

1. La Secousse Intentionnelle (20 Secondes)

Pensez à la manière dont les mammifères gèrent le traumatisme. Une gazelle se fait chasser par un lion et s'échappe. Que fait-elle immédiatement après ? Elle ne s'assoit pas pour traiter ses sentiments. Elle tremble violemment. Elle se secoue pour éliminer l'adrénaline résiduelle.

Nous, en tant qu'êtres humains, réprimons cette réponse naturelle. Nous essayons d'être polis. Nous essayons de rester immobiles. C'est pourquoi nous retenons la tension.

Cette technique est simple : Vous devez laisser votre corps vibrer.

Levez-vous, si vous le pouvez. Si vous ne le pouvez pas, faites-le en restant assis. Secouez vos mains et vos bras rapidement, comme si vous essayiez d'éjecter de l'eau de vos doigts. Bougez vos jambes. Laissez votre mâchoire tomber et secouez légèrement votre tête d'un côté à l'autre.

Paraissez ridicule. Ressentez la vibration traverser votre corps. Ce n'est pas un mouvement conscient. C'est une décharge somatique intentionnelle. Faites cela pendant vingt secondes. Cela dit à votre système nerveux : Le danger est parti. Nous sommes en sécurité pour nous secouer.

C'est un puissant disjoncteur instantané pour la réponse de combat.

2. Le Bourdonnement du Nerf Vague (30 Secondes)

Le nerf vague est la principale ligne de communication entre votre cerveau et vos organes principaux. C'est le chemin express pour réguler votre système nerveux parasympathique — votre système de repos et de digestion.

Lorsque vous stimulez le nerf vague, vous envoyez un signal indéniable de calme à votre corps entier. Nous pouvons le faire avec le son.

Inhalez lentement, profondément dans votre ventre. Pas dans votre poitrine. Profondément.

Maintenant, en expirant, émettez un son de bourdonnement fort et soutenu. HMMMMMMMM.

Faites-le profond et audible. Ressentez la vibration résonner dans votre cavité thoracique, votre gorge et votre crâne. La clé est la longueur et la profondeur de l'expiration, ainsi que la résonance du son.

Faites trois cycles complets. Inspirez lentement. Expirez fort et longtemps en bourdonnant.

C'est une action physique, mécanique qui force votre rythme cardiaque à ralentir. Elle apaise le système de l'intérieur. Cela prend trente secondes et c'est un ancrage physiologique fiable.

3. Le Serrer-Lâcher de 10 Secondes (15 Secondes)

Cette technique utilise le principe du contraste pour réinitialiser la tension musculaire.

Lorsque vous sombriez, vos muscles sont subconscients tendus, prêts à l'action. Vous ne réalisez peut-être même pas que vos épaules sont près de vos oreilles.

Vous allez intentionnellement amplifier cette tension puis la faire chuter à zéro.

Asseyez-vous ou tenez-vous debout. Prenez une profonde respiration.

Maintenant, retenez votre souffle et simultanément tendez chaque groupe musculaire auquel vous pouvez accéder. Serrez vos poings jusqu'à ce que vos articulations soient blanches. Contractez vos bras. Serrez votre abdomen. Squeezez vos jambes ensemble. Tendez votre visage.

Maintenez cette tension maximale pendant 10 secondes complètes. Fort. Inconfortable.

Ensuite, avec un soupir ou un grognement audible, relâchez instantanément tous les muscles. Laissez vos bras tomber. Laissez votre mâchoire se relâcher.

Le contraste immédiat entre la tension maximale et le relâchement total envoie un signal physique clair : L'action est terminée. Le système est déconnecté.

Vous ne pouvez pas retenir l'anxiété efficacement dans un corps flasque et détendu. Cette méthode force un moment de soumission physique totale.

Ces trois méthodes ne concernent pas le changement de vos pensées. Elles concernent le changement d'état de votre système nerveux central. Lorsque le corps se calme, le cerveau devient naturellement plus silencieux.

Utilisez-les lorsque le bruit devient trop fort. Utilisez-les avant d'attraper le téléphone. Utilisez-les avant d'essayer de discuter avec la pensée.

Déchargez d'abord l'énergie. Ensuite, regardez la pensée. Le bruit semblera profondément moins menaçant une fois le carburant physique épuisé.

# LE SYSTÈME DE MICRO-PAUSE : 5 PAUSES À FORT IMPACT DE 90 SECONDES QUI EMPÊCHENT LE SURCHARGE ÉMOTIONNELLE TOTALE PENDANT UNE JOURNÉE DE TRAVAIL

Le plus grand mensonge que nous nous racontons pendant une journée stressante est : "Je peux tenir le coup."

Vous ne pouvez pas tenir le coup face à un dépassement émotionnel.

Ce n'est pas un muscle que vous entraînez.

C'est un système énergétique qui échoue.

La plupart d'entre nous attendent jusqu'à la ligne rouge. Nous attendons jusqu'à ce que le portable se ferme avec fracas et que nous nous cachions sous le bureau. C'est trop tard. Les dégâts sont faits.

Le secret pour prévenir une rupture émotionnelle totale pendant une journée de travail est l'interruption préemptive. Vous devez appuyer sur le bouton de réinitialisation avant que l'alarme incendie ne se déclenche complètement.

Vous n'avez pas besoin d'une séance de yoga de 30 minutes.

Vous avez besoin de 90 secondes.

C'est le Système de Micro-Pause. Ce sont de petits changements tactiques que vous pouvez exécuter à votre bureau, dans la cabine de toilettes, ou en attendant votre café. Ils vous sortent de la spirale émotionnelle et vous ancrent, rapidement.

Voici cinq pauses de 90 secondes à fort impact.

1. Le Contrôle de Température (90 Secondes)

Quand le bruit commence à s'agiter, l'objectif est de déplacer votre attention de la rumination interne à la sensation physique externe.

Cessez de fixer l'écran.

Prenez un verre d'eau froide ou une tasse de café. Remarquez la température sur votre main. Ressentez vraiment cela.

Levez-vous. Enfoncez vos pieds dans le sol. Remarquez la pression. Comment se sent la semelle de votre chaussure ?

Regardez autour de la pièce. Nommez cinq choses que vous voyez qui ne sont pas numériques. Un mur. Un stylo. Une plante.

Vous obligez le cerveau en hyper-vigilance à rendre compte de l'environnement immédiat et inoffensif. Cela vous ancre dans la réalité, pas dans la planification de scénarios.

2. Le Triage des Trois Pensées (60 Secondes)

Votre cerveau crie plusieurs demandes concurrentes. Nous avons tendance à nous fondre avec toutes, croyant qu'elles sont toutes également urgentes et importantes.

Prenez une respiration rapide. Ne fermez pas les yeux. Regardez vos mains.

Dites-vous : Quelles sont les trois pensées les plus fortes dans ma tête en ce moment ?

Écrivez-les mentalement ou physiquement.

A : Je dois rappeler le client. (Actionnable)

B : Je suis terrible dans ce travail. (Jugement)

C : Ma sœur ne m'a pas répondu. (Inquiétude incontrôlable)

Voyez-les. Étiquetez-les par catégorie : Action, Jugement, Préoccupation.

Ne tentez pas de les résoudre. Vous reconnaissez simplement leur existence. Cela agit comme une défusion immédiate. Vous avez vu les pensées. Maintenant, remettez-les sur l'étagère.

3. Le Déchargement de Épaules (90 Secondes)

L'anxiété et la surcharge cognitive vivent physiquement dans votre cou, vos épaules et votre poitrine. Le corps est toujours prêt à fuir. Vous devez libérer cette tension latente.

C'est un réajustement physique.

Soulevez vos épaules aussi haut que possible, essayez de toucher vos oreilles. Serrez fort. Maintenez pendant dix secondes. Ressentez la tension.

Ensuite, expirez fortement et laissez-les tomber. Pas doucement. Déchargez-les. Laissez-les tomber.

Répétez cela trois fois. Soulevez haut, maintenez, déchargez fort.

La libération physique de la tension envoie un signal puissant au système nerveux : la menace est disparue. Vous êtes suffisamment en sécurité pour relâcher votre armure.

4. L'Inventaire Incontrôlé (45 Secondes)

Ceci est votre vérification stoïque instantanée, tout droit sorti du Chapitre 4.

Vous vous sentez accablé parce que vous vous inquiétez pour des choses qui ne sont pas encore réelles, ou pour des choses qui échappent totalement à votre influence.

En 45 secondes, passez en revue mentalement votre point de crise immédiat.

Cela concerne-t-il quelque chose que j'ai fait il y a cinq minutes ? (Oui/Non)

Cela concerne-t-il quelque chose que quelqu'un d'autre pourrait faire à l'avenir ? (Oui/Non)

Puis-je littéralement, physiquement, exécuter la solution à ce problème dans les dix prochaines minutes ? (Oui/Non)

Si la réponse est Non à la dernière question, ou Oui à la deuxième question, vous devez mentalement le classer sous "Pas mon levier."

Libérez la tension. Reconnaissez l'inutilité de vous accrocher à ce fil de contrôle spécifique. Vous ne pouvez pas diriger les décisions des autres pour le moment. Vous ne pouvez pas modifier l'email d'hier.

5. L'Ancre de l'Action Suivante (30 Secondes)

La pire chose à faire après une réinitialisation est de plonger à nouveau dans le chaos sans direction. L'accablement émotionnel vient souvent d'une liste de tâches massive et vague qui plane au-dessus de vous.

Cette micro-pause force une concentration granulaire.

Définissez votre Ancre.

Pas, "Je dois finir le Rapport Peterson."

C'est trop grand. Cela semble lourd.

Définissez le plus petit, le prochain pas unique possible.

"Ouvrir le dossier Peterson."

"Écrire l'objet de l'email."

"Lire le premier paragraphe des instructions."

Ancrez-vous à cette petite action réalisable.

Lorsque les 30 secondes sont écoulées, vous ne vous engagez pas avec la liste. Vous exécutez simplement l'Ancre. Cela utilise l'espace mental frais et calme de manière productive et empêche la spirale de recommencer.

Utilisez ces Micro-Pauses cinq fois par jour. Utilisez-les de manière proactive, comme de l'entretien. Utilisez-les immédiatement lorsque vous sentez le volume du bruit augmenter. N'attendez pas que l'alarme incendie se transforme en un incendie de maison. Arrêtez le cycle, 90 secondes à la fois.

# CHAPTER SIX

## RENCONTREZ LE COMITÉ : UN INVENTAIRE DES VOIX QUI VOUS RENDENT FOU (ET COMMENT LES FAIRE SE TAIRE)

VOTRE CERVEAU N'EST PAS UNE BIBLIOTHÈQUE SILENCIEUSE.

C'est une salle de comité chaotique.

C'est la pire réunion de conseil d'administration que vous ayez jamais fréquenter. Bruyante. Non structurée. Tout le monde crie par-dessus les autres. Et le pire ? Les personnes avec les opinions les plus bruyantes et les plus stupides dirigent généralement le spectacle.

Elles vous dirigent.

Vous avez passé des années à écouter ce comité interne comme si leurs annonces étaient des écritures sacrées. Chaque cri de panique. Chaque prédiction de malheur. Chaque analyse de votre profonde inadéquation. Vous l'avez accepté comme la vérité ultime de qui vous êtes.

Mais elles ne sont pas vous. Ce ne sont que des employés. Des employés qui ont sévèrement déraillé.

Ce chapitre est l'inventaire. Avant que nous puissions les virer ou, plus gentiment, les rétrograder, nous devons les rencontrer. Nous devons identifier leurs voix distinctes, leurs rôles, et leurs motivations absolument terribles. Lorsque vous pouvez nommer la voix, vous cessez de vous y fondre.

Vous créez de la distance.

La distance est le pouvoir.

Retirons le rideau sur ce groupe dysfonctionnel qui vit gratuitement dans votre esprit.

LE CRITIQUE INTÉRIEUR : LE JUGE

Vous connaissez bien celui-ci. C'est le membre le plus bruyant du comité. C'est celui qui a le maillet et le froncement de sourcils permanent.

Le Critique Intérieur opère sur un principe fondamental : La perfection est la seule norme acceptable.

Il ne se soucie pas de l'effort. Il ne se soucie que de l'issue. Et si l'issue est moins que parfaite, il a un résumé de 14 points sur pourquoi vous êtes fondamentalement défaillant.

Cette voix est profondément cruelle. Elle parle en absolus : "Vous ratez toujours cela." "Vous ne terminez jamais rien." "Tout le monde s'en sort, pourquoi pas vous ?"

Nous accordons à cette voix de l'autorité car elle a l'air de savoir de quoi elle parle. Elle utilise des preuves spécifiques de votre passé. Elle pointe vers des échecs. Elle semble profondément familière.

Et cette familiarité est le piège.

Pensez au ton. Est-il constructif ? Cela ressemble-t-il à un mentor aimant ? Non. Cela ressemble à un procureur. Cela utilise la honte comme principal outil motivationnel.

La honte n'est pas un motivateur. La honte est un paralysant.

Le Juge exige une vigilance constante et un auto-châtiment. Si vous essayez de vous détendre, il indique toutes les tâches que vous n'avez pas terminées. Si vous accomplissez quelque chose, il passe immédiatement à la norme suivante, plus élevée.

Son travail est de vous garder petit en vous maintenant perpétuellement coupable.

La clé pour gérer Le Juge est de réaliser que ses intentions sont obsolètes. Il s'est probablement formé quand vous étiez enfant, copiant la voix dure d'une autorité externe (parent, enseignant, société) dans une tentative de vous protéger du jugement externe.

Il était un protecteur malavisé. Maintenant, il est juste un intimidateur avec un statut permanent.

LE PLANIFICATEUR PARANOÏAQUE : LE PRÉVISIONNISTE

C'est la voix de l'anxiété pure. Elle essaie souvent de se déguiser en productivité.

Le Planificateur Paranoïaque est obsédé par l'avenir, mais pas par un avenir plein d'espoir et excitant. Seulement par celui désastreux.

Son travail est de faire tourner des scénarios de pire cas - tous en même temps.

Si vous avez une grande présentation la semaine prochaine, le Prévisionniste ne vous aide pas à répéter les diapositives. Il vous force à visualiser le fait d'oublier votre pantalon, de trébucher sur le câble, et l'humiliation qui en résulte menant à votre éventuelle sans-abrisme.

Il pense qu'en souffrant à l'avance, vous êtes d'une manière ou d'une autre préparé.

C'est le mensonge ultime de l'anxiété.

Se soucier ne prévient pas les mauvais résultats. Cela ne vous empêche que de profiter du moment présent.

Le Prévisionniste est le membre du comité le plus épuisant car il ne dort jamais. Il vous force à répéter mentalement des arguments qui ne se sont pas produits, anticiper des maladies qui ne se sont pas manifestées, et structurer des finances autour d'effondrements fictifs.

Il vous convainc que si vous cessez de vous inquiéter, vous serez pris par surprise.

Mais voici la vérité sur Le Prévisionniste : son analyse est toujours basée sur l'imagination, pas sur les données. Ses prédictions sont rarement 100 % précises, pourtant vous les considérez comme 100 % crédibles.

Comment le repérer ? Il utilise des phrases comme : "Et si..." "Mais nous devrions considérer..." "Si cela échoue, alors..."

Le moment où vous vous surprenez à dépenser de l'énergie mentale sur un scénario ayant moins de 5 % de probabilité de se produire dans les 24 heures suivantes, vous avez trouvé Le Prévisionniste.

Il doit être mis en vacances permanentes et obligatoires.

LE MAÎTRE DES TÂCHES : LE DIRECTEUR INTÉRIEUR

Le Maître des Tâches est la voix d'une optimisation implacable et agressive.

Il n'est pas nécessairement méchant, mais il est complètement inflexible et dépourvu de compassion. Il transforme toute votre vie en une liste de contrôle.

Il est responsable de votre culpabilité de productivité.

Vous venez de terminer un projet réussi ? Le Maître des Tâches crie déjà : "Bien. Maintenant, quelle est la suite ? Vous avez perdu 15 minutes à consulter votre téléphone. Nous aurions pu optimiser."

Il craint l'immobilité. Il déteste les lacunes dans l'emploi du temps. Le repos est considéré comme un défaut dans le système. Les loisirs sont un échec de planification.

Quand vous essayez de vous détendre, Le Maître des Tâches apparaît avec un sentiment d'obligation lancinant. Vous vous sentez agité. Vous avez l'impression que vous devriez faire autre chose.

Il transforme chaque activité agréable en performance à enjeux élevés. Vous détendez-vous correctement ? Êtes-vous pleinement présent pendant cette activité de loisir ?

Même votre pratique de la pleine conscience devient une évaluation de performance sous le regard du Maître des Tâches.

Le résultat de son règne est un épuisement chronique. Vous avez l'impression d'être constamment à la traîne, peu importe ce que vous accomplissez. Vous confondez une activité frénétique avec un réel progrès.

Reconnaissez le Maître des Tâches lorsque vous sentez une tension physique s'installer pendant des moments de calme. C'est lui qui murmure : "Vous perdez du temps."

Il a besoin d'un emploi du temps strict et permanent qui inclut des pauses obligatoires et non négociables. Il déteste les règles, mais il répond à une structure claire.

LE FAUTEUR DE HONTE : L'ARCHIVISTE DES ERREURS

Le Fauteur de honte vit dans le passé. Son bureau est rempli de meubles de rangement étiquetés "Regrets", "Embarras", et "Opportunités manquées".

Tandis que le Critique se concentre sur des défauts de caractère inhérents, Le Fauteur de honte se concentre sur des événements historiques spécifiques. Il est le maître du retour en arrière mental.

Il adore 3h00 du matin. C'est son heure de gloire.

Il ressuscite cette chose maladroite que vous avez dite à la fête il y a cinq ans. Il rejoue la dispute que vous avez eue avec votre sœur au ralenti. Il vous fait ressentir la chaleur de la honte encore une fois, même si l'événement est résolu.

Pourquoi fait-il cela ? Parce qu'il associe la mémoire de la douleur à l'apprentissage d'une leçon.

Il croit que si vous oubliez la gravité de l'erreur, vous êtes destiné à la répéter. Donc, il garde la blessure ouverte.

Le Fauteur de honte est la voix qui dit : "Je ne peux pas croire que vous ayez fait ça."

Il vous force à ruminer - à mâcher la même douleur émotionnelle encore et encore jusqu'à ce que vous soyez à vif. La rumination est de souffrir le même événement plusieurs fois.

Il doit être arrêté car il vole deux choses cruciales pour la paix : l'acceptation et l'avancement. Vous ne pouvez pas avancer si quelqu'un vous tire constamment en arrière avec vos anciennes erreurs.

Le pouvoir de l'Archiviste repose sur votre volonté de vous engager avec les fantômes qu'il invoque. Si vous refusez de regarder ses fichiers, ils prennent la poussière.

LA SALLE DE RÉUNION DYSFONCTIONNELLE

Le véritable chaos de votre cerveau se produit lorsque ces quatre - Le Juge, Le Prévisionniste, Le Maître des Tâches, et Le Fauteur de honte - commencent tous à se disputer en même temps.

Le Juge dit que vous êtes un échec.

Le Prévisionniste panique à propos de la ruine financière que cet échec causera le mois prochain.

Le Fauteur de honte vous rappelle l'échec similaire que vous avez eu à l'université.

Le Maître des Tâches exige que vous arrêtiez de vous asseoir là et que vous commenciez à faire quelque chose d'inutile tout de suite pour résoudre un problème inexistant.

C'est épuisant. C'est accablant. C'est paralysant.

Mais regardez ce que nous venons de faire. Nous leur avons donné des noms. Nous avons décrit leurs tactiques. Nous avons remarqué qu'ils ont des personnalités distinctes, prévisibles et, franchement, ridicules.

Aucune de ces descriptions ne ressemble à la personne calme, rationnelle et capable qui lit ce livre.

C'est la puissance de l'externalisation.

Tant que vous dites : "Je suis anxieux," Le Prévisionniste a gagné. Vous vous êtes fusionné avec sa voix.

Mais lorsque vous pouvez dire : "Le Planificateur Paranoïaque crie à nouveau au sujet de la ruine financière," vous opérez un changement.

Vous n'êtes plus la panique. Vous êtes l'observateur de la panique.

Cette séparation est la clé fondamentale pour réduire le volume. Ils peuvent crier autant qu'ils le veulent, mais le moment où vous arrêtez de croire qu'ils sont le PDG de votre vie, ils perdent leur autorité exécutive.

Leurs pensées deviennent juste du bruit.

Lorsque le comité se réunit, votre seul travail est de reconnaître qui parle et à quel point ils sont totalement non qualifiés pour gérer votre paix. Nous n'essayons pas encore de les faire taire - cela s'appelle de la répression, et cela se retourne contre nous.

Tout d'abord, nous les identifions. Nous cataloguons leurs scénarios ridicules. Nous connaissons leurs mensonges préférés.

Nous comprenons que leur rôle est de créer de l'inconfort, soit à travers la peur de l'avenir soit par la honte du passé, et d'exiger un effort constant et frénétique.

Mais ils ont opéré dans l'ombre suffisamment longtemps. Maintenant, les lumières sont allumées. Nous connaissons leurs noms.

Et une fois que vous connaissez l'identité du monstre, il cesse d'être si effrayant. Il devient juste une douleur ennuyeuse et répétitive dans le cou.

Maintenant, nous sommes prêts à réécrire les scénarios. Nous sommes prêts à arrêter de leur donner le micro.

## LA LISTE DES PERSONAS : IDENTIFIER ET NOMMER VOTRE DIRECTEUR INTÉRIEUR, VOTRE CRITIQUE ACCAPARANT, ET VOTRE PLANIFICATEUR PARANOÏAQUE

Le bruit est épuisant car vous pensez que c'est une seule voix forte.

Ce n'est pas le cas.

C'est un comité.

Un comité désordonné, mal organisé, constamment frénétique. Ils veulent tous le microphone en même temps.

Et ils sonnent tous exactement comme vous.

C'est le truc. C'est la fusion cognitive. Comme la pensée ressemble à votre monologue intérieur, vous supposez que la pensée est votre identité centrale, votre vérité, votre moi objectif.

Ce n'est pas le cas.

Vos voix internes ne sont que des rôles internes. Ce sont des scénarios que vous avez appris il y a longtemps. Ce sont des programmes opérationnels obsolètes qui fonctionnent en pilote automatique.

Vous êtes le PDG. Ils sont les gestionnaires.

Et nous allons les nommer maintenant. Les nommer est la première étape pour leur retirer leur pouvoir. Vous ne pouvez pas argumenter avec "anxiété." Vous pouvez argumenter avec un gars nommé "Gary."

Lorsque vous entendez une pensée destructrice, vous devez pouvoir la taguer instantanément. Cette pensée appartient au Planificateur. Cette pensée appartient au Critique.

Voici les trois membres les plus communs et les plus bruyants du comité.

Le Critique Accaparant

C'est la voix qui est véritablement malveillante.

Elle utilise un langage définitif et accablant. Elle utilise des mots comme toujours et jamais.

"Vous ratez toujours ça."

"Vous ne terminez jamais ce que vous commencez."

"Vous êtes fondamentalement incapable."

Elle ne critique pas seulement vos actions ; elle attaque votre caractère.

Pourquoi fait-elle cela ? Parce que, même si elle se trompe, le Critique essaie de vous protéger. Elle a appris il y a longtemps que si elle vous humilie d'abord, si elle fixe la barre si haut que vous n'osez jamais essayer, alors vous ne pouvez pas échouer publiquement. Elle pense que la honte est un outil de motivation. Elle croit que si vous êtes suffisamment malheureux, vous éviterez la douleur future.

Elle a tort. Elle a profondément tort. Mais c'est sa motivation tordue.

Nous devons entendre cette voix et dire : "Merci pour votre contribution, Critique. Votre évaluation est notée et déclinée."

Le Planificateur Paranoïaque

Cette voix vit 48 heures dans le futur. Toujours.

Elle exécute constamment des simulations de catastrophe. Elle est obsédée par les scénarios "Et si".

Vous planifiez le dîner, et Le Planificateur calcule déjà le déficit budgétaire du prochain trimestre fiscal. Vous profitez d'une soirée tranquille, et Le Planificateur rédige votre lettre de démission au cas où toute l'industrie s'effondrerait.

Cette voix est l'évaluateur de risques ultime. Sa motivation est simple : le contrôle préventif. Si elle peut imaginer chaque catastrophe possible, elle croit qu'elle peut l'éviter.

Le Planificateur crée un énorme inventaire de problèmes imaginaires qui nécessitent une action immédiate, épuisant vos réserves d'énergie et vous empêchant d'être efficace maintenant.

Le Planificateur est la raison pour laquelle vous vous sentez fatigué avant même de commencer la journée.Parce que Le Planificateur vous a déjà fait vivre la tragédie de mardi.

Lorsque cette voix refait surface, vous devez reconnaître sa signature : elle est toujours basée sur la fiction, et non sur des faits. Elle se construit sur des hypothèses, et non sur le moment présent.

Le Directeur Intérieur

Le Directeur se préoccupe de l'apparence.

C'est la voix qui s'obsède sur le script social. Elle rejoue les conversations d'hier, scrutant chaque nuance.

Ai-je utilisé le bon ton ?

Cette personne a-t-elle remarqué mon hésitation ?

J'aurais dû dire X au lieu de Y.

Répétez la réponse parfaite pour la conversation impossible que vous pourriez avoir demain.

Le Directeur est convaincu que si vous vous écartez du script parfait et poli, vous serez exposé. Il est le gardien de votre image publique, et c'est un tyran.

Sa motivation est l'acceptation sociale et la performance perçue comme parfaite. Il veut que vous soyez aimé et respecté par tout le monde, ce qui est un objectif impossible et épuisant.

Le Directeur est la raison pour laquelle vous vous sentez en train de jouer dans votre propre vie.

Nommer Le Comité

Ces trois-là, ou des variations d'eux, sont ceux qui brûlent votre maison mentale.

Maintenant, vous avez identifié leurs rôles spécifiques et leurs motivations mal orientées.

La clé de la défusion est la personnalisation. Donnez-leur des noms. Des noms ridicules. Des noms distants.

Peut-être que votre Critique est "Chad." C'est un terrible manager qui a atteint son apogée au lycée.

Peut-être que votre Planificateur est "Patty," une comptable obsessive qui ne peut pas gérer l'incertitude.

Peut-être que votre Directeur est "Doris," une étudiante en théâtre qui critique votre respiration.

Quand Chad intervient et dit : "Tu vas échouer," vous ne le prenez pas pour une vérité.

Vous entendez simplement : "Ah, Chad parle encore."

Cela crée une distance immédiate, non négociable. Cela vous rappelle que la voix est un événement - un script qui se déroule - et non votre identité.

C'est juste un bruit. Un personnage dans une pièce que vous choisissez actuellement de ne pas regarder. Et vous tenez la télécommande.

Diminuez le volume sur Chad. Dites à Patty que vous examinerez le budget plus tard. Dites à Doris de se détendre.

Vous n'avez pas à interagir avec le comité simplement parce qu'ils ont programmé une réunion dans votre tête.

## LE PROTECTEUR MALAVISÉ : TRACER LES RACINES DÉVELOPPEMENTALES DE VOTRE CRITIQUE INTÉRIEUR (INDICE : IL N'ESSAYAIT QUE D'AIDER, MAIS A ÉCHOUÉ)

Nous dépensons tant d'énergie à essayer de tuer le Critique Intérieur.

Nous luttons contre lui. Nous négocions avec lui. Nous le maudissons.

Et il crie juste plus fort.

La vérité est que vous ne pouvez pas le tuer parce que ce n'est pas un monstre.

C'est un protecteur malavisé.

Il a les meilleures intentions, les plus terrifiantes.

Pour le comprendre, vous devez retracer ses racines jusqu'au moment où vous étiez le plus petit. Quand vous étiez le plus vulnérable.

Pensez à l'enfance.

Le monde était vaste. Il était déroutant. Vous aviez besoin de connexion pour survivre. L'acceptation était une monnaie. Le rejet était une menace physique.

Vous avez appris très rapidement que certains comportements entraînaient la douleur. Peut-être la honte. Peut-être l'isolement.

Votre cerveau, la machine extraordinaire de résolution de problèmes dont nous avons discuté, a commencé à créer des défenses préemptives.

Si je peux anticiper la menace extérieure, peut-être que ça ne frappera pas aussi fort.

Si je repère d'abord mes propres erreurs, peut-être que les personnes importantes ne me puniront pas.

Le Critique est né dans ce vide. C'était votre système de sécurité interne, construit pour prévenir la douleur extérieure en administrant d'abord la douleur intérieure.

Il était conçu pour vous maintenir docile. Pour vous garder en sécurité. Pour vous garder assez petit et assez silencieux pour rester membre de la tribu.

Ça a marché.

Pour cet enfant, la critique intérieure était vraiment un outil nécessaire, bien que douloureux, pour naviguer dans un monde imprévisible. C'était un bouclier fait de peur. Cela a aidé cette version de vous à survivre.

Et puis ça s'est figé.

Cette voix n'a jamais mis à jour son système d'exploitation.

Elle fonctionne toujours sur l'hypothèse que vous avez cinq ans. Elle croit encore qu'une petite erreur au travail conduira à un rejet social qui menace votre existence même. Elle maintient ce niveau d'urgence.

C'est un ancien système d'alarme bruyant et inefficace.

Elle pense encore qu'hurler contre vous - vous traitant de stupide, ou de paresseux, ou d'échec - va d'une manière ou d'une autre vous motiver ou vous protéger d'un sort pire.

Elle ne comprend pas qu'aujourd'hui, son volume est la seule chose qui vous fait souffrir.

C'est le garde de sécurité qui vous plaquerait au sol lorsque vous essayez de passer par votre propre porte d'entrée.

Ainsi, le premier acte de défusion n'est pas l'hostilité. C'est un diagnostic doux et compatissant.

Nous reconnaissons l'origine.

Nous voyons que la peur alimente le moteur. La voix ne critique pas parce qu'elle vous déteste ; elle critique parce qu'elle est terrifiée que si vous baissez votre garde pendant une seconde, quelque chose de terrible va arriver.

Cette distinction est massive.

Lorsque vous reconnaissez le Critique comme un protecteur d'enfant effrayé et dépassé, il perd son autorité d'adulte. Vous cessez de le traiter comme un juge suprême. Vous commencez à le traiter comme un parent bien intentionné qui a besoin de prendre sa retraite.

Vous n'avez pas besoin de combattre la peur elle-même. Vous devez la reconnaître.

Regardez la pensée qui dit : "Tu vas échouer à cette présentation."

Vous regardez plus profondément et demandez : "Quelle est la peur derrière cela ?"

La réponse est généralement : "J'ai peur de la honte/rejet/avoir l'air incompétent."

Et ensuite, vous pouvez doucement rappeler à l'ancien protecteur : C'était une vraie menace autrefois. Mais je suis un adulte maintenant. J'ai de nouveaux outils. Nous pouvons gérer une mauvaise présentation. Nous n'avons pas besoin de paniquer.

Vous remplacez l'ancien mécanisme de défense agressif par l'autorité calme de votre moi adulte.

Vous prenez les clés du garde fatigué et surexcité.

Vous n'avez pas besoin de crier. Vous devez simplement dire, avec clarté et gentillesse : Merci d'avoir essayé. Mais vous êtes renvoyé. Je gère cela maintenant.

# LE DÉCODEUR DE SCRIPT TOXIQUE : RECONNAÎTRE LES PHRASES PRÉFÉRÉES DU CRITIQUE ('TU GÂCHES TOUJOURS ÇA') POUR AFFAIBLIR INSTANTANÉMENT SON POUVOIR NARRATIF

Le critique intérieur n'est pas un génie.

Il est ennuyant.

Il utilise les mêmes cinq scripts toxiques, encore et encore, pour chaque échec, chaque inquiétude et chaque moment de doute. Il n'a pas de nouveau matériel. Il ne fait que répéter le même programme usé, ne changeant que les noms et les dates.

Cette prévisibilité est votre arme ultime.

Dès que vous reconnaissez que la pensée que vous avez n'est pas une idée neuve et originale mais un récit fatigué et recyclé - un script - vous gagnez de la distance. Vous cessez de le traiter comme une vérité profonde. Vous le traitez pour ce qu'il est : un dialogue automatique et préenregistré.

Lorsque vous pouvez nommer le type de pensée, vous cessez de répondre au contenu. Vous commencez à répondre au schéma. C'est là que le pouvoir s'épuise immédiatement.

Décryptons les plus grands succès du Critique. Voici le Décodeur de Script Toxique.

Script 1 : Le Mensonge Absolu (Le Script "Toujours/Jamais")

Le Critique adore les absolus. Il ne traite que des généralisations.

Les Phrases :

"Tu gâches toujours ça."

"Tu ne vas jamais réussir."

"Personne ne t'écoute jamais."

"Cela te définira de manière permanente."

Ce qu'il fait : Ce script nie chaque succès passé ou exception à la règle. Son seul but est d'induire une impuissante paralysante, rendant le problème actuel apparemment universel et terminal. Le Critique sait que si vous vous sentez sans espoir, vous cessez d'essayer.

Votre réponse : Lorsque vous entendez les mots "toujours" ou "jamais," votre drapeau rouge interne doit se lever haut. Ce sont des mensonges garantis. Étiquetez-le : Voici le script du Mensonge Absolu.

Script 2 : L'Attaque de l'Identité Fondamentale

Ce script est le plus cruel car il déplace l'attention de l'action vers le soi.

Les Phrases :

"Tu es fondamentalement brisé."

"Tu es aimable."

"Tu es stupide/faible/inutile."

"Cela prouve que tu n'es pas digne."

Ce qu'il fait : Il cible votre identité, rendant le problème interne et irréparable. Si vous faites une erreur dans un tableau, le Critique ne dit pas, "Corrigez le tableau." Il dit, "Tu es un idiot total et tu ne devrais pas être de confiance avec les chiffres." Il cherche à définir votre être entier par un incident isolé.

Votre réponse : Reconnaître ceci comme une tentative de passer de l'action à l'être. Étiquetez-le : C'est l'Attaque de l'Identité Fondamentale. Rejeté.

Script 3 : La Catastrophe du Prédicteur

Le cerveau anxieux insiste sur le fait qu'il connaît l'avenir, et que cet avenir est toujours terrible.

Les Phrases :

"Cela va être un désastre."

"Quand ils découvriront, tu seras ruiné."

"Et si X arrive, puis Y arrive, puis Z arrive, et que je perds tout ?" (La réaction en chaîne du désastre.)

Ce qu'il fait : Le Critique insiste pour prévoir le pire des scénarios, souvent en utilisant un langage vague et dramatique. Il tente de te charger de la responsabilité d'événements futurs imaginaires qui échappent complètement à ton contrôle. C'est la définition de la rumination non productive.

Ta réponse : Si la pensée commence par "Et si..." et se termine par "ruine totale", c'est le script du Voyant. Dis simplement : Je ne prends pas de conseils auprès des voyants.

Script 4 : Le Piège de la Comparaison

La comparaison est le voleur de joie, et ton Critique adore voler.

Les Phrases :

"Tout le monde s'en sort mieux que moi."

"Ton ami/voisin/collègue a 10 ans d'avance sur toi."

"Tu es tellement en retard."

Ce qu'il fait : Ce script te force à une fausse comparaison basée sur des informations partielles et sélectionnées. Il compare ta réalité interne honnête et désordonnée (ta peur actuelle, tes échecs, tes véritables luttes) avec le meilleur d'autrui ou, pire, avec une version idéalisée de toi-même qui n'existe pas. Il ignore complètement le contexte.

Ta réponse : Étiquette-le : Ah, le Piège de la Comparaison. Nous ne comparons que moi à qui j'étais hier.

Le Passage du Message au Script

La différence entre la souffrance et la paix tient souvent à ce mouvement unique.

Quand une pensée toxique surgit, tu dois intercepter l'impulsion initiale d'adhérer au message et plutôt identifier le script.

Regarde la différence :

Situation : Tu oublies une date limite.

La Réaction Fusionnée (Souffrance) : Je suis tellement incompétent. Je laisse toujours tomber. Je vais perdre mon emploi parce que je ne peux pas gérer des tâches simples. Je devrais simplement abandonner. (Tu crois le message.)

La Réaction Détendue (Code) : J'entends le script du Mensonge

Absolu me disant que je laisse toujours tomber. Et voici l'Attaque de l'Identité de Base disant que je devrais abandonner. Intéressant. Maintenant, quelle est la prochaine étape réelle ? (Tu étiquettes le script.)

Ce petit acte est immense.

En étiquetant le script, tu déplaces automatiquement la pensée de la catégorie "Vérité" à la catégorie "Événement Psychologique."

Le but n'est pas d'empêcher le Critique de parler. Il parlera. C'est une partie de ton cerveau bruyant.

Le but est d'arrêter de lui accorder de l'autorité.

Nous ne débattons pas avec le script. Nous ne discutons pas des faits qu'il présente. Nous l'archivons simplement : Script Toxique 4 : Comparaison.

Quand tu vois le schéma, tu vois le mensonge. Le pouvoir narratif s'effondre. Il passe d'une attaque personnelle et dévastatrice à un bruit de fond automatisé et prévisible. Nous n'avons pas besoin de faire taire le comité entièrement. Nous devons simplement cesser d'écouter leurs horribles conseils.

## LE CONFORT DE LA DOULEUR FAMILIALE : POURQUOI NOUS ACCORDONS DE L'AUTORITÉ À LA VOIX QUI NOUS FAIT LE PLUS SOUFFRIR

C'EST LA PARTIE LA PLUS FOLLE DE TOUT LE JEU MENTAL.

Nous accordons de l'autorité à la voix qui nous fait le plus mal.

Nous écoutons le Critique. Nous le laissons nous rabrouer. Il souligne des défauts en détail frappant et répétitif. Il crie à propos des échecs futurs. Et nous sommes là, hochant la tête. Nous disons : "Oui. Ça a l'air juste. Ça a l'air comme moi."

Pourquoi croyons-nous le membre du comité qui est ouvertement hostile ?

Pourquoi choisissons-nous d'accorder le micro à l'orateur qui garantit notre misère ?

Parce que c'est familier.

C'est le plus ancien fond sonore de ton système d'exploitation. Ce critique, ce soucieux, ce chercheur de défauts constant - il dirige le spectacle depuis l'enfance.

Peut-être que cela a commencé comme un écho parental. Peut-être que c'était un mécanisme de survie que tu as développé à l'école. Quelle que soit l'origine, cette voix dirige le spectacle depuis des décennies.

C'est une quantité connue.

La familiarité engendre un type de confiance toxique. Même si cette voix délivre de la douleur, elle livre une douleur prévisible. Tu sais exactement quelle misère elle va servir au petit-déjeuner. Tu peux régler ta montre sur le goût du doute de soi.

C'est cohérent.

Maintenant, contraste cela avec la paix.

Le calme est un territoire inconnu. Le silence ressemble à un vide.

Le cerveau anxieux et primitif est conçu pour la vigilance. Il pense : Si j'arrête de m'inquiéter, j'arrête de me préparer. Si j'arrête d'écouter le Critique, je pourrais devenir complaisant. Je pourrais manquer le danger.

Le piège psychologique profond est celui-ci : Souffrance égale Vigilance égale Sécurité.

Le cerveau interprète l'absence de bruit non pas comme de la paix, mais comme un dangereux manque de préparation.

Sortir du tapis roulant de l'automutilation familière semble profondément risqué. Cela ressemble à retirer les mains du volant, même si le volant te dirige vers les murs depuis des années.

Le Critique offre une certitude. C'est une terrible certitude, oui. "Tu vas définitivement échouer à ce travail." "Tu es définitivement invivable." C'est une affirmation solide. C'est une quantité connue.

L'alternative - la possibilité de calme, l'observation silencieuse de la réalité - est l'inconnu.

Le système humain est fondamentalement câblé pour préférer le chemin connu, même si ce chemin est couvert de pierres tranchantes. Nous échangeons la paix contre la prévisibilité. Nous échangeons une joie potentielle contre la fausse sécurité de la douleur habituelle.

C'est le confort de la douleur familière. C'est le trou dans lequel tes pneus émotionnels s'enfoncent. C'est profond. C'est facile à suivre. Ça demande zéro effort conscient.

Tu dois réaliser que l'autorité que tu donnes à cette voix est une habitude, pas une nécessité. Tu n'as pas besoin de gagner la paix en souffrant d'abord. Tu n'as pas besoin de payer la taxe de la douleur.

Cette voix est un narrateur peu fiable. C'est une alarme incendie brisée.

Arrête de lui donner le micro. Arrête de lui accorder les clés du royaume juste parce que c'est la plus ancienne dans la pièce. Tu as le pouvoir de la mettre en sourdine. Tu n'as tout simplement pas encore exercé ce pouvoir. Tu as confondu sa longévité avec sa légitimité.

Elle n'a ni l'une ni l'autre.

Le silence que tu cherches n'est pas effrayant. Il est simplement nouveau. Et il attend.

# CHAPTER SEVEN

## LE PROTOCOLE DE FORMATION DE LA VOIX : CULTIVER ACTIVEMENT LE NARRATEUR INTERNE CALME ET OBJECTIF EN 14 JOURS

Nous avons couvert beaucoup de terrain.

Nous avons identifié le bruit.

Nous avons pratiqué à ne pas croire le bruit.

Nous avons catégorisé le chaos.

Maintenant vient le travail. L'entraînement actif. Le véritable changement.

C'est le Protocole de Formation de la Voix. C'est l'effort conscient et persistant de remplacer l'alarme incendie défaillante par un CEO calme et capable.

Ça ne se produira pas par accident. Tu peux observer la voix anxieuse toute la journée, mais l'observation seule est passive. Elle te donne la paix sur le moment. Mais pour construire une paix durable, tu dois construire une mémoire musculaire. Tu dois activement recruter et former une nouvelle voix, meilleure.

Pense à cela comme à l'apprentissage d'une nouvelle langue. Tu commences par juste écouter. C'est les Chapitres 1 à 6. Tu reconnais les sons. Tu comprends la grammaire du chaos. Maintenant, tu dois commencer à parler la nouvelle langue. Tu auras l'air maladroit. Tu vas trébucher. Cela semblera forcé et faux.

Bien. Cela signifie que ça fonctionne.

Ton cerveau parle la langue de la panique, de l'urgence et de la catastrophe depuis des années. Ce câblage est profond. Nous posons de nouveaux câbles à fibre optique juste à côté des fils de cuivre rouillés de l'ancien système.

Le Protocole de 14 Jours est le cadre pour cette installation. Ne t'obsède pas avec les 14 jours. Ce n'est pas une date limite de cure magique. C'est une période de concentration intense conçue pour briser l'automatisme de l'ancienne voix. C'est assez de temps pour que le nouveau script, plus calme, semble moins comme une performance et plus comme une habitude.

Le changement fondamental que nous faisons est de passer de sujet à observateur, puis d'observateur à narrateur objectif.

La voix anxieuse dit : Je suis submergé.

La voix objective dit : Je ressens actuellement une sensation de surcharge. J'ai trois tâches à rendre. Je peux en choisir une à commencer maintenant.

Remarque la différence. C'est subtil, mais sismique. La voix anxieuse est l'expérience. La voix objective rapporte l'expérience et cherche immédiatement la prochaine étape actionnable. C'est la définition d'une hygiène mentale stoïque. C'est propre. C'est efficace. C'est ennuyeux.

Et ennuyeux est exactement ce que nous visons.

L'ennui signifie paix.

Comprendre l'Étalonnage de la Nouvelle Voix

La voix du CEO a deux caractéristiques principales : basse volume et cadence lente.

Ta voix anxieuse est un titre hurlant en lettres majuscules. Elle utilise des points d'exclamation. Elle est urgente. Elle exige une attention immédiate et totale. Elle ressemble à une conversation personnelle frénétique qui se déroule dans ta poitrine.

Votre narrateur objectif est un mémo plat et factuel délivré sur un ton monotone. Il se trouve dans votre lobe frontal. Il n'utilise jamais de langage émotionnel. Il n'utilise jamais de termes absolus comme « toujours », « jamais » ou « ruiné ».

Vous devez vous entraîner à entendre la différence dans la qualité acoustique. Lorsque vous saisissez que la vieille voix commence, ne vous contentez pas de désamorcer la pensée. Désamorcez le volume.

Abaissez le volume interne.

Ralenti le rythme interne.

Ce geste physique de ralentir le schéma de la parole mentale est un puissant disjoncteur. Le sentiment d'urgence est chimiquement lié à la vitesse de votre monologue interne. Accélérez le monologue, vous accélérez l'adrénaline. Ralentissez-le, vous laissez le temps à la chimie de se dissiper.

Le Protocole : La Réécriture Quotidienne

Votre tâche pour les 14 prochains jours est simple mais non négociable : Vous devez réécrire activement le script toxique chaque fois que vous le capturez.

Ce n'est pas optionnel. C'est le nombre de répétitions.

Nous commençons par utiliser les trois outils du narrateur objectif :

1. Identification sans Jugement

2. Évaluation du Moment Présent

3. Le Prochain Pas Immédiat

Voici comment fonctionne la Réécriture Quotidienne :

Scénario : Vous vérifiez vos emails lundi matin. Vous voyez une demande confuse de votre patron.

La Vieille Voix (Le Critique/Planificateur Paranoïaque) s'active immédiatement.

VIEILLE VOIX : Oh mon dieu, c'est confus. Je ne comprends pas du tout. Je dois avoir l'air incompétent. Je vais tout gâcher, ils vont savoir que je ne peux pas gérer ce travail, et ensuite je vais perdre ma carrière. C'est totalement écrasant.

Arrêtez. Prenez une respiration. C'est ici que vous activez le PDG.

La Nouvelle Voix (Le Narrateur Objectif) intervient.

NOUVELLE VOIX : J'ai une pensée forte que je vais perdre mon emploi. Cette pensée est basée sur un email confus. Je ressens actuellement une pression dans ma poitrine. Quel est le fait observable ? Le fait est que j'ai reçu un email contenant trois questions spécifiques (A, B, C). Je ne sais pas immédiatement la réponse à C. Ce n'est pas une catastrophe. C'est un problème à résoudre. Quel est le prochain pas immédiat ? Le prochain pas immédiat est de relire l'email lentement et de mettre en surbrillance A, B et C.

Vous voyez ce qui s'est passé ?

Nous avons pris une trajectoire qui est allée d'un email à la destruction de carrière et nous l'avons court-circuitée pour revenir au bureau.

C'est la pratique constante. Vous attrapez l'exagération et la forcez dans le harnais de la réalité mesurable.

Le Rôle Critique de la Pratique à Faibles Enjeux

Vous ne pourrez pas déployer la voix objective avec succès lorsque vous êtes en pleine dispute ou face à une crise financière massive le Jour 3. Le bruit est trop fort.

Nous commençons petit. Nous pratiquons dans les environnements les plus banals et à faibles enjeux. Vous construisez une maîtrise grâce à la prévisibilité.

Exemples de Zones de Pratique pour les Jours 1-7 :

Trafic : La vieille voix crie que les autres conducteurs sont des idiots, que vous serez en retard, et que ce retard prouve que l'univers est contre vous.

La nouvelle voix dit : Je suis stationnaire. Le retard estimé est de sept minutes. Je peux utiliser ce temps pour ajuster ma posture. Le bruit n'est pas pertinent pour ma sécurité.

Café Renversé : La vieille voix rage au sujet du gaspillage, de l'inconvénient et de votre maladresse générale. Elle utilise la honte comme carburant.

La nouvelle voix dit : Du café a été renversé. J'ai besoin de trois essuie-tout. L'action requise est le nettoyage. Le sentiment est une légère irritation. Cet événement n'a aucune conséquence à long terme.

Une Petite Attente Non Réalisée : Vous aviez prévu de réaliser X, mais vous n'avez fait que Y. La vieille voix commence immédiatement l'auto-flagellation.

La nouvelle voix dit : J'ai terminé 70 % des tâches prévues. Mon attente de 100 % était peut-être irréaliste pour le temps imparti. Je vais déplacer les 30 % restants à la liste de demain.

Chaque déploiement réussi de la nouvelle voix est un dépôt dans votre compte bancaire mental. Ces petites victoires programment votre cerveau pour se default à la paix. Elles prouvent que la voix calme est compétente et efficace.

La nouvelle voix n'offre pas de faux espoir. Elle offre de l'utilité.

La Structure de Responsabilité sur 14 Jours

Pour maintenir l'intensité nécessaire pendant 14 jours, vous avez besoin d'une méthode de responsabilité. Vous ne pouvez pas simplement compter sur des souhaits.

Je recommande la méthode des « Trois Captures ».

Chaque jour, vous devez capturer au moins trois occurrences où la vieille voix a essayé de prendre le contrôle, et où vous avez réussi à effectuer la Réécriture Quotidienne.

Obtenez un petit carnet ou utilisez une application de notes. Étiquetez l'entrée :

1. Déclencheur (L'email confus, l'embouteillage, la cuisine en désordre).

2. Ancien Script (Le récit de catastrophe).

3. Nouveau Script (La réponse objective, orientée action, plate).

Ce registre écrit est vital. Il crée une preuve physique immédiate que l'ancien script n'est qu'une suggestion, pas une réalité. Il montre à votre cerveau le schéma de l'échec puis lui donne immédiatement le plan de succès.

Lorsque vous reviendrez à la fin de 14 jours, vous verrez vingt et un exemples de substitution de pensée réussie. Cette preuve est indéniable. Cela brise l'illusion que vous êtes impuissant face au bruit.

Le Danger de L'attente de la Motivation

C'est la partie la plus difficile du protocole : Vous devez faire le travail quand vous n'en avez pas envie.

Nous attendons que la motivation nous frappe comme un coup de foudre. Cela arrive rarement. Nous attendons le moment où nous nous sentons « assez calmes » pour déployer la voix objective.

C'est un piège.

La voix objective n'est pas générée par le calme. C'est ce qui crée le calme. C'est l'action, pas le résultat.

Lorsque l'anxiété atteint son paroxysme, l'envie est de fusionner avec le sentiment, de résoudre la crise que la vieille voix a fabriquée. C'est le moment où la discipline compte le plus.

Vous devez interrompre la spirale avec deux phrases :

1. Arrêtez. (Un commandement interne rapide et net.)

2. Quel est le fait ? (Le pivot immédiat vers l'objectivité.)

Vous refusez activement de donner au comité hurlant l'autorité du PDG. Vous déclarez simplement : Votre contribution est notée. Elle est basée sur l'émotion, pas sur les données. Je vais dans une direction différente.

C'est une posture agressive. Ce n'est pas soin de soi passif. C'est une contre-attaque psychologique.

Persistance plutôt que Perfection

Vous allez échouer. Vous aurez des jours où la vieille voix régnera en maître, et des heures plus tard, vous réaliserez que vous avez passé tout l'après-midi dans une boucle destructive à propos de quelque chose qui échappe totalement à votre contrôle.

Ce n'est pas un revers. Ce sont des données.

Le narrateur objectif ne juge pas l'échec ; il l'analyse.

Si vous manquez une journée entière de pratique de la réécriture, la voix du PDG ne dit pas : Vous avez ruiné vos 14 jours. Vous gâchez toujours ça. Pourquoi continuer ?

Non. La voix du PDG dit : J'ai manqué la pratique hier. La conséquence a été une anxiété accrue. Le plan pour aujourd'hui est de revenir immédiatement à la méthode des Trois Captures.

Le protocole n'est pas axé sur l'atteinte d'un état de zéro-anxiété en 14 jours. Il s'agit d'établir l'habitude d'interruption et de substitution en 14 jours. Il s'agit de prouver à votre propre système d'exploitation qu'il existe un meilleur réglage par défaut disponible.

Le pouvoir de ce protocole réside complètement dans la cohérence. Peu importe si vous avez une réécriture parfaite à chaque fois. Il est important que vous essayiez trois fois, chaque jour, pendant deux semaines.

C'est ainsi que vous jetez les bases d'un changement permanent. Vous entraînez le muscle qui choisit la paix. Vous cultivez une voix à laquelle vous pouvez faire confiance. Une voix qui n'est pas dramatique, pas paniquée, et pas basée sur le passé.

Une voix qui demande simplement : Qu'est-ce qui est vrai et quel est le prochain pas productif ?

Écoutez cette voix. Elle est déjà là. Nous devons simplement augmenter son volume.

## POURQUOI LA NEUTRALITÉ BAT LA POSITIVITÉ : CHANGER VOTRE NARRATEUR D'UN JUGE DUR À UN OBSERVATEUR OBJECTIF (PAS D'AFFIRMATIONS 'FLOUES' NÉCESSAIRES)

Nous avons terminé avec la positivité toxique.

Nous en avons fini avec les affirmations floues qui semblent être un mensonge lorsque vous les dites à haute voix.

Vous connaissez la routine. On vous dit de vous regarder dans le miroir. Vous êtes censé crier : "Je suis un être humain réussi, vibrant et financièrement abondant !"

Mais votre cerveau connaît la vérité. Il voit la pile de factures. Il se souvient de l'erreur que vous avez faite hier.

Votre Critique intérieur ne se tait pas lorsque vous utilisez une positivité agressive. Il devient plus fort. Il contre-attaque. Il dit, "Oh vraiment ? Prouve-le, menteur."

La guerre civile interne s'intensifie.

La positivité toxique est fondamentalement une forme de déni intellectuel. Elle essaie d'imposer une fausse réalité à une réalité désordonnée et incommode.

Cela ne fonctionne jamais, mais alors jamais pour une paix durable.

Ce dont nous avons besoin, ce n'est pas de positivité. Ce dont nous avons besoin, c'est de neutralité.

La neutralité est le superpouvoir silencieux. C'est le changement opérationnel central que nous devons installer dans notre système.

Vous ne formez pas votre narrateur à être un supporter. Vous formez votre narrateur à être un reporter judiciaire.

Le reporter judiciaire note simplement les faits. Il n'ajoute pas d'émotion. Il n'ajoute pas de jugement.

Imaginez la différence dans le traitement des données.

Le Critique (Le Juge) dit : "Je suis pathétique de ne pas avoir terminé ce projet à temps. Je suis un professionnel terrible."

Ce jugement fusionne avec votre identité. Vous devenez le professionnel pathétique et terrible. Vous vous éteignez.

L'Observateur Objectif (Le Narrateur Neutre) dit : "Je remarque que la date limite du projet est passée hier. La conséquence est que j'ai maintenant X quantité de travail en rattrapage à faire."

Voyez-vous la distinction ?

Le Narrateur Neutre fait état de l'événement externe et de l'état interne sans attribuer d'échec moral. Il enregistre simplement les données.

Il n'y a pas de carburant émotionnel dans les données.

Il n'y a que du carburant dans le jugement.

Lorsque vous vous jugez, vous fusionnez avec la pensée. Vous réduisez la distance. Vous donnez à la pensée le pouvoir de vous définir.

Lorsque vous observez la pensée de manière neutre, vous maintenez la distance. Vous restez le système d'exploitation silencieux, observant les pensées défiler.

Vous êtes la personne qui constate que vous êtes stressé. Vous n'êtes pas le stress lui-même.

Le moment où vous pouvez décrire votre expérience de manière factuelle, sans émotion, vous dégonflez tout le cycle de la panique.

C'est pourquoi nous rejetons l'approche de l'affirmation positive. Si le Critique dit : "Vous êtes un échec," et que vous contre-attaquez agressivement avec : "Non, je suis un brillant succès," vous êtes toujours engagé dans le combat. Vous accordez toujours de l'autorité au Critique en discutant avec lui.

La puissance de la neutralité est qu'elle ne discute pas. Elle reconnait le bruit et déclassifie son statut.

Pratiquons le déclassement.

Votre cerveau crie : "Je vais tout perdre." (Jugement/Prévision)

Le Narrateur Neutre répond : "Je remarque qu'un fort sentiment de peur financière vient d'arriver. La pensée déclare que je vais tout perdre."

Votre cerveau crie : "Pourquoi ne puis-je pas arrêter de penser à ce que j'ai dit il y a cinq ans ?" (Jugement/ Honte)

Le Narrateur Neutre répond : "Mon système de mémoire est actuellement en train de rejouer un événement socialement gênant d'il y a cinq ans. Je ressens une puissante chaleur et un inconfort."

Vous étiquetez simplement le contenu. Vous documentez l'apparition du bruit.

Vous ne combattez pas la vague. Vous dites simplement, "Oh, regardez, une vague."

La transformation se trouve dans le langage que vous utilisez en interne. Vous devez éliminer les adjectifs qui portent un poids moral (paresseux, pathétique, brillant, incroyable). Vous les remplacez par des états mesurables (résistant, fatigué, objectif X atteint, tâche Y complétée).

Le Narrateur Neutre est le vérificateur de réalité ultime. Il vous force à cesser d'interagir avec la fiction (les jugements hyperboliques du Critique) et à commencer d'interagir avec les données (la situation réelle).

Ce changement détourne votre attention de l'anxiété vague et écrasante et la redirige vers la tâche micro-niveau que vous pouvez réellement contrôler maintenant.

Vous vous entraînez à parler de la vérité froide, dure et non émotionnelle de votre monde intérieur.

Vous ne donnez plus le micro au juge. Vous le remettez au reporter à la place.

Cette voix silencieuse et objective est ce que nous cultivons au cours des quatorze prochains jours. Elle ne nécessite aucun flafla spirituel. Elle nécessite simplement une honnêteté impitoyable et de la distance.

## LES INCITATIONS D'INSTANTANÉ STOÏQUE : QUESTIONS SIMPLES (COMME 'QUE PUIS-JE FAIRE MAINTENANT ?') QUI ARRÊTENT LA PANIQUE NETTE

La panique est rapide.

C'est une montée électrique de sentiments exigeant une solution immédiate et massive.

Le cerveau en surpensée—l'alarme incendie défectueuse—devient bruyant lorsqu'il pense qu'un problème est trop grand pour être résolu. Il exige une clarté totale avant de se calmer.

C'est pourquoi essayer de se calmer avec de vagues affirmations ne fonctionne jamais. "Je suis en sécurité" ne veut rien dire lorsque votre système interne crie, "Non, tu ne l'es pas."

Nous ne combattons pas la spirale avec une positivité forcée. Nous la combattons avec une meilleure question.

Une question précise et puissante est un disjoncteur.

Elle force le système à redémarrer et à réévaluer sa liste de priorités. Elle déplace votre énergie instantanément du monde chaotique de la Rumination au monde ancré de la Praticité.

Ceci est la base des Incitations d'Instantané Stoïque. Elles sont simples. Elles sont directes. Elles détournent la spirale.

1. Quelle est la seule action productive à ma disposition maintenant ?

La panique adore les projets grands et écrasants. Elle aime s'attarder sur la totalité de l'échec. Elle déteste les petites étapes uniques.

Lorsque le bruit commence à exiger un plan quinquennal pour la rédemption de carrière ou une refonte complète de votre personnalité, vous l'arrêtez net.

Quel est le prochain mouvement physique ?

Le prochain email ?

Le prochain appel téléphonique ?

La prochaine gorgée d'eau ?

Se concentrer sur la micro-action retire votre conscience de l'avenir vaste et terrifiant et la ancre dans la réalité présente de l'effort. Le cerveau ne peut pas spiraler efficacement et accomplir une tâche simultanément. Choisissez la tâche.

2. Est-ce quelque chose que je peux influencer, ou est-ce quelque chose que je dois accepter ?

C'est la Dichotomie de Contrôle Stoïque. C'est le marteau central de la paix.

Si la réponse est que vous ne pouvez pas l'influencer—les actions de votre voisin, la décision de votre ancien patron, la météo, le résultat d'un marché financier—alors le drain d'énergie s'arrête. Immédiatement.

Vous n'êtes pas obligé de garder de l'anxiété sur des choses que vous ne pouvez pas affecter. Cette anxiété est inutile. C'est un bruit chronique.

Si vous pouvez l'influencer, tant mieux. Consultez l'invite numéro un. Quelle est l'action productive ?

Si vous ne pouvez pas l'influencer, vous redirigez l'énergie vers l'acceptation. L'acceptation n'est pas la défaite. C'est simplement affirmer l'état actuel de la réalité. "Cela se produit. J'accepte ce fait actuel." Vous êtes maintenant libre de vous concentrer sur le petit fragment de réalité qui reste le vôtre : votre réponse.

3. Quels sont les faits neutres et observables de cette situation ?

L'alarme incendie défectueuse ne rapporte pas des faits. Elle rapporte des interprétations, des prévisions et des projections émotionnelles.

Elle dit, "Vous êtes un échec total."

Cela n'est pas un fait.

Vous devez détacher l'histoire et trouver le noyau de vérité en dessous.

Fait : Je n'ai pas reçu la promotion que je voulais.

Fait : J'ai dit un mot dur à mon conjoint.

Fait : J'ai 400 $ de moins sur mon compte que je ne l'avais anticipé.

Les faits sont calmes. Ils sont concrets. Ils sont gérables. L'histoire—"Je suis ruiné," "Ma vie s'effondre," "Je suis terrible en relations"—est un chaos.

Utilisez cette invite pour forcer votre esprit à redescendre sur terre. Devenez granulaire. Plus le fait est petit, moins il est terrifiant.

4. Quelle est l'importance critique de cette crise si je l'envisage dans 30 jours ?

Nous ne souffrons pas de l'événement lui-même, mais du jugement que nous attachons à l'événement en ce moment. Le moment présent est conçu pour se sentir maximal. Tout semble être une catastrophe.

Nous devons appliquer le contrôle temporel.

Prenez la crise actuelle et avancez mentalement d'un mois. Ou d'un an.

Cet argument comptera-t-il ?

Cette légère rejette comptera-t-elle ?

Cette préoccupation financière immédiate comptera-t-elle, ou sera-t-elle simplement un point de donnée dans une narration beaucoup plus longue ?

Voir le moment présent depuis le futur réduit immédiatement l'échelle du problème. Cela transforme une catastrophe en incident. Cela transforme une fatalité inévitable en un mardi difficile.

5. Quel est le véritable inconvénient incontournable, et puis-je y survivre ?

Cela s'appelle la préméditation des maux, ou premeditatio malorum.

Votre cerveau panique déjà au sujet du pire scénario. Il le fait juste de manière floue, ce qui l'aggrave. Les peurs vagues sont toujours plus lourdes que les peurs précises.

Nous amenons le cas le plus défavorable à la lumière et le définissons.

Si je quitte mon emploi, je perds mon revenu et mes avantages santé.

Si je dis la vérité à mon ami, il pourrait être en colère et partir.

Une fois que vous avez défini le scénario le plus pessimiste, vous posez la deuxième question : Puis-je survivre à cela ?

Oui. Presque toujours, la réponse est oui. Ce sera difficile, désordonné, douloureux et gênant. Mais la survie est certaine.

Définir le revers et reconnaître votre capacité à y survivre élimine la peur de l'inconnu. Et l'inconnu est la principale source de panique.

Utilisez ces cinq questions comme un ensemble d'outils spirituels. Gardez-les près de vous. Au moment où le volume augmente, sortez le bon indicateur et forcez votre cerveau à répondre à la question, pas à répéter le bruit.

## LE DÉGONFLEUR D'ABSURDITÉ : COMMENT LA LÉGÈRETÉ ET LE RIRE PARALYSENT INSTANTANÉMENT LE SÉRIEUX ÉCRASANT

Le cerveau anxieux est fondamentalement un cerveau sérieux.

Il se prend trop au sérieux.

Il prend chaque catastrophe potentielle et l'élève au rang de menace.

Il met la catastrophe sous un éclairage sévère.

Il ajoute une musique dramatique et terrible.

Le cerveau murmure : C'est primordial. Cela te définit. C'est une menace existentielle urgente.

Ce sérieux est le carburant du feu. Si l'anxiété est considérée comme profondément importante et gravement significative, elle gagne en puissance. Elle gagne en autorité. Elle exige du respect.

L'humour est l'antidote instantané.

C'est le Dégonfleur d'Absurdité.

C'est la façon la plus simple et la plus puissante de désamorcer une pensée sérieuse sans se retrouver en lutte avec elle.

Vous ne pouvez pas rire profondément tout en vous sentant menacé existentiellement par le contenu d'une pensée. Les deux états cognitifs sont neurologiquement incompatibles. Le rire est un disjoncteur. Il force une défusion cognitive car il nécessite de prendre du recul et d'observer la situation à distance.

Lorsque le détecteur de fumée mental commence à crier à propos d'une catastrophe future, il s'appuie entièrement sur vous pour traiter cette menace avec déférence. Il a besoin que vous vous penchiez, écoutiez attentivement et paniquiez.

Nous rompons le cycle avec l'absurde.

Lorsque vous remarquez une pensée catastrophique — Je vais échouer à cette présentation et tout perdre — ne tentez pas de la contrer avec une affirmation positive. Cela garde la pensée sérieuse. Cela vous maintient en lutte sur le terrain de la pensée.

Au lieu de cela, changez le contexte.

Rendez-la ridicule.

Une technique puissante est la personnification par la farce.

Nous avons parlé de nommer le critique intérieur. Maintenant, donnez à ce critique une voix ridicule et un chapeau stupide.

Entendez la pensée : Vous êtes une catastrophe prête à se produire.

Maintenant, relancez cette piste audio avec la voix d'un gnome grincheux qui vit dans votre micro-ondes. Ou d'un majordome britannique pompeux avec une voix stridente.

Vous allez échouer et tout le monde vous jugera, dit par Elmer Fudd.

Immédiatement, l'intensité s'effondre. La menace à enjeux élevés — qui nécessite une intériorisation profonde et sobre — se transforme en une blague à enjeux faibles.

Pourquoi cela fonctionne-t-il ?

Parce que l'absurde met en évidence la distance entre vous, l'observateur, et le bruit intérieur, la performance.

La pensée n'a pas été résolue. La peur n'a pas disparu. Mais le pouvoir, l'emprise, est coupé. La pensée est exposée comme un théâtre absurde, pas une réalité sobre.

L'humour est un acte profond de manque de respect envers votre tyran intérieur.

Lorsque l'esprit exige que vous preniez la peur d'une ruine future au sérieux, riez à la place. Cela ne signifie pas que vous ignorez la planification productive. Cela signifie que vous refusez d'être terrorisé par le récit.

Si une pensée sérieuse se répète, exagérez-la jusqu'à l'impossibilité.

Mon patron me déteste.

Non, votre patron vous aime tellement qu'il va faire commander une statue en bronze de vous pour le hall. Il va nommer son premier enfant d'après vous. Il va déclarer un jour férié national en votre honneur.

Cela ne signifie pas que vous vous mentez à vous-même. C'est une défusion active. Vous utilisez le mécanisme cognitif de la satire pour rompre le sérieux hypnotique de la boucle de pensée.

Le détecteur de fumée défectueux dépend d'une alerte élevée. Grande sérieux. Grande vigilance. Il a besoin que vous soyez figé et inquiet.

Le rire brise la paralysie. Il injecte de l'énergie et de la perspective. Il vous rappelle qu même le pire résultat potentiel est quelque chose qui se produit, pas quelque chose qui vous définit.

Utilisez la légèreté de manière agressive.

C'est la façon la plus rapide de vous sortir du champ gravitationnel d'une inquiétude démesurée. Lorsque tout semble écrasant, posez-vous la question la plus puissante :

Qu'est-ce qui est drôle dans cette situation ?

Quelle est l'exagération la plus ridicule et exagérée de cette peur ?

Vous ne luttez pas contre vos pensées. Vous refusez simplement de leur accorder du respect. Vous transformez le drame en un spectacle de marionnettes.

Rappelez-vous ceci : Le sérieux exige votre obéissance. L'absurde vous accorde une liberté immédiate. Choisissez la rébellion.

## LE PLAN DE MAÎTRISE À FAIBLES ENJEUX : COMMENT PROGRAMMER LE NOUVEAU MODÈLE DE RÉPONSE CALME PAR DES PRATIQUES QUOTIDIENNES ÉPHÉMÈRES

Nous ne visons pas la perfection.

Arrêtez d'essayer de vous propulser dans un état de paix intérieure permanente et aveuglante par un effort héroïque. Cela ne fonctionnera pas. Vous allez échouer et vous brûler. Vous vous traiterez d'échec.

La maîtrise n'est pas une destination. C'est une habitude.

Si vous voulez programmer le nouveau système d'exploitation plus calme — celui où votre narrateur intérieur est objectif, pas paniqué — vous devez l'entraîner dans des environnements à faibles enjeux.

Nous avons besoin de pratiques. De petites répétitions sans conséquence qui construisent des voies neurales sans déclencher la réponse traumatique à grande échelle.

Vous ne pouvez pas apprendre à désamorcer une pensée intrusive pendant une attaque de panique si vous ne l'avez pas pratiqué en attendant que la bouilloire chauffe.

Les enjeux doivent être faibles. Votre environnement doit être sûr.

Voici les pratiques à faibles enjeux qui enregistrent la répétition nécessaire. Faites-en une ou deux chaque jour.

Le Bouchon de Quatre Secondes

Chaque fois que vous êtes bloqué à un feu rouge ou dans un trafic lent, c'est votre moment d'entraînement.

Le trafic est une annoyance universelle. Il déclenche cette frustration à faible intensité. Il active la persona du Planificateur : "C'est inefficace. Je perds du temps. J'aurais dû partir plus tôt."

Au lieu de fusionner avec cette frustration, pratiquez le rôle de l'observateur objectif.

C'est simple.

Déclarez simplement, intérieurement : "Je suis arrêté. Je suis en sécurité. J'éprouve un sentiment d'irritation."

Ne sortez pas votre téléphone. Ne commencez pas à revoir votre calendrier.

Remarquez juste la tension physique que génère le trafic dans vos épaules ou votre mâchoire.

Ensuite, relâchez délibérément cette tension. Même si ce n'est que pour quatre secondes.

Cette pratique enseigne à votre cerveau qu'un léger inconvénient n'est pas une catastrophe. Elle apprend à votre corps comment se détendre dans une situation stressante que vous ne pouvez pas contrôler.

Vous enregistrez une répétition pour l'Acceptation Radical.

La Défuse de la File d'Attente

Lorsque vous attendez en ligne — au supermarché, à la banque, pour l'ascenseur — l'esprit déteste cela.

Attendre semble non productif. Le Déclencheur d'Ennui commence à chercher des problèmes à résoudre. Il commence à répéter des arguments ou à critiquer la personne devant vous.

C'est votre opportunité de pratiquer la défusion des pensées.

Au lieu de croire à la critique, prenez du recul.

Écoutez le comité argumenter. Faites-leur un signe mental.

“Bonjour, Critique. Je vois que vous voulez juger les chaussures de cette personne. Noté.”

Ensuite, concentrez-vous délibérément sur un détail sensoriel de l'environnement immédiat. L'odeur du café. Le son de la musique. Le poids de vos pieds sur le sol.

Vous pratiquez le fait de prendre du recul par rapport à la carte (le récit intérieur) et de vous ancrer dans le territoire (la réalité du moment présent).

Chaque fois que vous attendez en ligne et choisissez d'observer vos pensées au lieu de les suivre, vous renforcez le narrateur neutre.

Le Protocole de Fautes de frappe

Votre critique intérieur vit pour les erreurs.

Vous avez envoyé un email avec une faute de frappe. Vous avez fait tomber un verre. Vous avez oublié un article sur la liste de courses.

Dans le passé, cette petite bévue déclencherait une réaction en chaîne d'auto-flagellation : "Je rate toujours tout. Je suis si négligent. Je ne peux gérer quoi que ce soit."

C'est un moment de formation à fort rendement.

Au moment où l'erreur est commise et que le Critique crie, vous devez interrompre le schéma.

Utilisez le contrôle de réalité absurde.

Est-ce que faire tomber le verre a mis fin à votre carrière ? Non. Est-ce que la faute de frappe a fait s'effondrer l'économie mondiale ? Non.

Le but ici n'est pas de se sentir positif à propos de l'erreur. Le but est la neutralité.

Pratiquez cette phrase, fermement : "Une erreur s'est produite. Cela ne définit pas ma compétence."

Ensuite, passez immédiatement à l'action : nettoyez le verre, envoyez la correction, faites une note pour demain.

Cet exercice forme votre cerveau à dissocier l'erreur de l'identité. Il enseigne que la solution objective est la priorité, et non la spirale émotionnelle de la honte.

Enregistrer les Rappels, Pas Chercher l'Excitation

Ce plan fonctionne parce qu'il est ennuyeux.

Il manque le drame d'une grande confrontation. Il manque la révélation profonde d'une retraite silencieuse de huit jours.

C'est juste de petites actions. Répétées.

Chaque fois que vous choisissez la nouvelle réponse calme dans un moment à faible enjeu, vous renforcez littéralement un nouveau circuit neural. Vous atténuez l'ancien chemin de l'anxiété. Vous renforcez le nouveau chemin de l'observation objective.

La maîtrise se construit grâce à ce type de constance. C'est le pouvoir cumulatif de mille micro-choix que vous faites pendant des moments ennuyeux et normaux.

Ne attendez pas la crise pour prouver que vous êtes calme. Prouvez-le maintenant, quand rien ne se passe.

Les plus grandes percées en matière de paix surviennent souvent non pas pendant la méditation, mais lorsque vous observez simplement vos pensées sur le trafic et choisissez de détendre votre mâchoire.

C'est petit. C'est silencieux. C'est ainsi que le nouveau code devient par défaut.

# CHAPTER EIGHT

## PERSONNALITÉ PROTÉGÉE : COMMENT ATTEINDRE LA PAIX VOUS REND PLUS INTÉRESSANT, PAS ENNUYEUX

Parlons du plus grand mensonge que vous croyez en ce moment.

C'est la peur silencieuse au fond de votre ventre.

C'est celle qui chuchote : Si j'arrête de m'inquiéter, si j'arrête de ressentir cette peur intense, je vais devenir ennuyeux.

Je vais devenir un être humain beige.

Vous pensez que votre anxiété est votre atout. Vous pensez que votre analyse constante, votre planification obsessionnelle, votre hyper-vigilance — vous pensez que c'est ce qui fait de vous une personne intelligente. Ou passionnée. Ou intéressante.

Vous regardez des personnes vraiment calmes et vous pensez qu'elles doivent être détachées. Vous pensez qu'elles doivent être secrètement ennuyeuses. Vous supposez qu'elles ont sacrifié leur feu pour trouver leur paix.

Arrêtez ça tout de suite.

C'est le mythe central qui maintient des personnes brillantes et déterminées enfermées dans des cycles de chaos. Elles confondent réactivité avec réalité. Elles confondent drame avec profondeur.

Votre anxiété n'est pas votre personnalité. C'est la cage qui retient votre personnalité en otage.

C'est le bruit sur la ligne. Cela noie votre véritable voix.

Nous ne visons pas la vie d'un 'robot détendu.' Je vous le promets. Nous visons une vie où vos meilleures qualités — votre esprit, votre empathie, votre intelligence aiguisée, votre sens de l'humour unique — ont enfin l'espace pour respirer et s'exprimer sans l'interférence constante de la peur.

La vérité est simple. La paix ne vous supprime pas. Elle vous amplifie.

Pensez aux moments où vous vous êtes senti véritablement magnétique. Était-ce quand vous étiez paniqué, en train de parler sans réfléchir, ou de répéter ? Non. C'était quand vous étiez présent. C'était quand vous écoutiez attentivement. C'était quand vous avez livré une blague qui a parfaitement fonctionné parce que votre timing n'était pas précipité par le bruit intérieur.

Votre énergie est déjà massive. Votre motivation est déjà puissante. La seule différence est qu'en ce moment, 90 % de cette magnifique énergie est utilisée en interne. Elle lutte contre des feux qui n'existent pas. Elle effectue des diagnostics sur des systèmes qui vont bien. C'est du carburant qui s'échappe d'un trou dans le réservoir.

Lorsque vous atteignez la paix psychologique, vous ne perdez pas le carburant. Vous colmatez le réservoir.

Maintenant, toute cette énergie vibrante et inhérente est soudainement disponible pour la création. Pour l'amour. Pour un travail profond. Pour un jeu significatif.

Vous devenez plus intéressant parce que vous ne jouez plus un rôle.

La performance est épuisante. Essayer de convaincre les autres (et vous-même) que vous allez bien, que vous êtes intelligent ou réussi malgré les cris intérieurs est un emploi à plein temps.

Lorsque vous retirez le masque de la personne chaotique et hyper-alerte, il ne vous reste que l'authentique soi. Et l'authentique soi est presque toujours beaucoup plus fascinant que le mécanisme de défense anxieux qui essaie trop.

Le chaos est prévisible. Le modèle anxieux est répétitif. La paix est le fondement d'une véritable originalité.

L'énergie que vous pensiez avoir besoin pour vous inquiéter est l'énergie que vous utilisez maintenant pour vivre.

Le Mythe du Robot Détendu

Déconstruisons l'idée que la véritable passion nécessite une instabilité mentale.

Certaines des personnes les plus performantes et passionnées de la terre sont exceptionnellement calmes. Elles ne sont pas à faible énergie. Elles sont des utilisatrices d'énergie très efficaces.

Regardez un athlète brillant. Quand donnent-ils le meilleur d'eux-mêmes ? Dans l'œil de la tempête. Quand ils sont totalement présents. Quand leurs pensées sont calmes. Leur corps bouge avec passion, mais leur esprit est tranquille. S'ils étaient contrôlés par le comité anxieux — Et si j'échoue ? Et si je rate ce tir ? Que vont-ils penser ? — ils se figeraient. Ils rateraient.

La passion est un engagement profond avec la tâche présente.

L'anxiété est un engagement profond avec un avenir redouté ou un passé humiliant.

La paix est le prérequis nécessaire pour la performance humaine maximale.

Pensez à vos exutoires créatifs, quels qu'ils soient. Écriture. Musique. Cuisine. Planification d'un grand projet. Quand survient le véritable éclair de génie ? Il survient lorsque vous vous éloignez. Lorsque vous arrêtez d'y forcer. Lorsque la pression est relâchée et que votre cerveau a enfin de la place pour relier des idées disparates.

Cet espace, cette tranquillité mentale, est l'ultime avantage concurrentiel.

Le cerveau anxieux voit un problème et commence immédiatement à paniquer et à chercher des centaines de solutions simultanément. Il éparpille ses efforts.

Le cerveau calme voit le problème, prend une respiration, le catégorise (Chapitre 4), et dirige son attention laser sur l'action la plus avantageuse.

La personne anxieuse semble passionnée mais se brûle rapidement. Elle est poussée par l'évitement.

La personne paisible semble stable mais possède des réserves d'énergie qui durent des années. Elle est motivée par un but.

Laquelle est vraiment plus puissante ? Laquelle est vraiment plus captivante ?

Une personne qui peut tenir une grande vision complexe sans paniquer est captivante. Une personne qui peut traiter des revers sans se dissoudre dans l'autopitié est captivante. Une personne dont la vie intérieure est structurée et stable est un aimant pour les opportunités et les connexions.

Le Mensonge de l'Auto-Effacement

Nous devons être très clairs à ce sujet : Les méthodes dans ce livre — défusion des pensées, neutralisation du critique, établissement de limites de contrôle — ne concernent pas l'élimination de parts de vous-même.

Il s'agit de supprimer les parts qui ne sont pas vous.

Votre identité chaotique, brillante, imparfaite et merveilleuse est ce que nous protégeons.

Le développement personnel pousse souvent l'idée que vous devez devenir "moins." Moins sensible. Moins en colère. Moins émotionnel. Moins vous. Cela exige l'auto-effacement.

C'est une stratégie désastreuse. Essayer de couper une partie de votre personnalité parce qu'elle vous cause parfois de la douleur est comme amputer un doigt parce qu'il s'est déjà coincé dans une porte.

Votre sensibilité n'est pas le problème. La réaction à votre sensibilité — la rumination, l'autocritique, les spirales d'anxiété — c'est le problème.

Lorsque vous appliquez le Code, votre sensibilité demeure. Elle se transforme simplement en empathie au lieu de panique.

Votre intensité demeure. Elle se transforme simplement en concentration au lieu de frénésie.

Votre humour noir demeure. Il devient juste plus drôle parce qu'il n'est pas entaché d'un véritable dédain urgent de soi.

Nous acceptons votre totalité confuse. Nous arrêtons simplement la guerre civile interne.

Lorsque la guerre civile interne cesse, vous êtes enfin libéré pour être radicalement et authentiquement qui vous êtes. L'énergie qui défendait votre identité peut maintenant être utilisée pour l'exprimer.

C'est cela la définition de l'intéressant.

L'Effet Dominos

La stabilité interne ne vous bénéficie pas seulement. Elle révolutionne vos relations.

Lorsque vous êtes intérieurement tranquille, vous devenez un meilleur ami. Un meilleur partenaire. Un meilleur collègue.

Pourquoi? Parce que vous devenez véritablement présent.

Pensez à ce qui se passe lorsque vous essayez d'écouter quelqu'un pendant que votre comité interne crie :

Est-ce qu'ils me jugent en ce moment ? Je devrais interrompre avec mon anecdote intelligente. Je dois réfléchir à ce que je vais dire ensuite. J'espère qu'ils ne vont pas poser de questions sur cette erreur que j'ai faite la semaine dernière.

Vous n'écoutez pas. Vous attendez de parler. Vous évaluez constamment votre propre état mental.

Lorsque vous pratiquez la défusion et le ancrage, le bruit diminue. Vous êtes juste là. Ouvert. Impassible.

lorsque vous interagissez avec les gens depuis un lieu de paix authentique, vous leur offrez quelque chose de rare et de puissant : un espace sûr.

Votre stabilité agit comme une ancre émotionnelle pour les personnes qui vous sont chères. Lorsqu'une crise frappe votre partenariat, la personne avec un esprit bruyant amplifie le chaos. La personne avec un esprit calme contient le chaos. Elle devient la ressource. Le sol solide.

Les gens ne sont pas attirés par le drame. Ils sont attirés par la fiabilité et la présence.

Votre régulation émotionnelle révolutionne la communication. Vous cessez de réagir défensivement aux affronts perçus parce que vous ne croyez plus à chaque pensée qui susurre que vous êtes attaqué. Vous pouvez entendre le contenu réel de la conversation. Vous cessez de projeter votre peur sur les autres.

Vous devenez un collaborateur de star. Un amoureux réfléchi. Un parent non réactif.

Ce n'est pas ennuyeux. C'est un pouvoir profond qui change la vie.

La Synthèse : Éprouver intensément sans être emporté

Le dernier point que nous devons synthétiser est cet équilibre : ressentir profondément, tout en maintenant la stabilité.

Certaines personnes craignent que le travail psychologique consiste à s'anesthésier à la douleur. C'est une suppression toxique (que nous avons abordée au chapitre 5). Nous rejetons cela entièrement.

Nous voulons que vous ressentiez tout le spectre de l'expérience humaine.

Nous voulons que vous ressentiez la beauté profonde et déchirante de la vie.

Nous voulons que vous ressentiez la joie électrisante du succès.

Nous voulons que vous ressentez la douleur de la déception.

La différence est la façon dont ces sentiments circulent en vous.

Le cerveau chaotique (fusion) est le sentiment. Vous êtes emporté. Le sentiment prend le contrôle de votre jugement, dicte votre récit et vous entraîne dans des spirales de rumination pendant des jours. Vous êtes un navire perdu dans une tempête.

Le cerveau calme (défusion) observe le sentiment. Le sentiment est une vague. Vous ressentez la pleine force de l'eau, mais vous restez debout sur le rivage, la regardant s'écraser, sachant qu'elle va se retirer.

Vous ressentez profondément. Vous pleurez les larmes. Vous riez le rire dur et joyeux. Vous pleurez la perte.

Mais vous n'identifiez pas votre tout avec cet état temporaire.

La douleur fait mal, mais elle ne vous définit pas.

La joie vous électrise, mais elle ne vous rend pas trop confiant et imprudent.

Cette synthèse - engagement profond associé à une stabilité radicale - est ce qui rend les gens vraiment vivants.

C'est l'opposé de l'ennui. C'est la définition de la maturité et de la sagesse.

Votre personnalité n'est pas seulement protégée. Elle est enfin libérée.

Vous avez éliminé le bruit afin que votre propre signal brillant puisse être diffusé clairement, puissamment et de manière cohérente.

Allez être intéressant. Allez être passionnément stable. Le monde a besoin de vous, le vrai, apaisé, pas de la performer frénétique que vous étiez auparavant.

## LE MYTHE DU ROBOT DÉCONTRACTÉ : POURQUOI LA VÉRITABLE PASSION NÉCESSITE UNE STABILITÉ MENTALE (ET COMMENT LA PAIX AMPLIFIE VOTRE AVANTAGE COMPÉTITIF)

Vous craignez de devenir insipide.

Vous vous inquiétez que si vous arrêtez de trop réfléchir, vous arrêtez de vous soucier. Vous croyez que le bruit dans votre tête est la preuve de tous vos efforts.

Si le chaos devient silencieux, la passion ne meurt-elle pas ?

C'est le mythe du robot décontracté. C'est l'idée que gérer votre anxiété signifie devenir un automate insensible et passif. Que vous échangez votre brillance et votre intensité contre une ligne plate de contentement léger.

Nous devons tuer ce mythe maintenant.

Le contraire est vrai.

La passion n'est pas la même chose que la frénésie.

La frénésie est un feu éparpillé. C'est une énergie nerveuse. Cela semble productif car c'est rapide et épuisant. Mais cela manque de direction. Cela s'épuise rapidement et vous laisse avec une inhalation de fumée.

La véritable passion est une chaleur focalisée. C'est un feu contrôlé.

Pensez à la personne qui accomplit quelque chose de vraiment difficile. Le créateur. Le bâtisseur. Le penseur stratégique. Étaient-ils motivés par la panique ? Non. Ils étaient motivés par la clarté.

La passion nécessite un immense espace mental.

Elle nécessite la capacité de tenir une idée complexe sans paniquer immédiatement sur sa faisabilité.

Vous avez besoin de stabilité pour maintenir une performance de haut niveau.

Votre cerveau ne peut produire que deux choses à pleine capacité : la gestion de l'anxiété ou l'exécution ciblée. Il ne peut pas faire les deux simultanément et durablement.

Lorsque vous êtes stressé, la moitié de votre système d'exploitation est consacrée à gérer l'évaluation de la menace interne. Le comité qui crie épuise les ressources. Vous débattez, négociez et vous défendez constamment contre votre propre esprit.

Combien d'énergie cela laisse-t-il pour votre objectif réel ? Peut-être cinquante pour cent. Peut-être moins.

Maintenant, imaginez que l'argument interne soit parti.

Imaginez que le critique a été défusé. La paranoïa a été catégorisée et libérée. L'énergie qui était précédemment utilisée pour vous lutter au sol est maintenant disponible.

C'est pourquoi la paix est l'avantage compétitif ultime.

La paix que nous construisons ici n'est pas une reddition passive. C'est une conservation d'énergie agressive.

Alors que vos concurrents dépensent 70 % de leur bande passante à gérer des frictions émotionnelles, vous canalisez 100 % dans le travail.

Vous voyez le terrain clairement.

Vous prenez des décisions basées sur la réalité objective, pas sur la peur.

L'athlète de haut niveau n'est pas celui qui court en criant avant la course. C'est celui qui reste immobile. Celui dont l'esprit est silencieux, traitant exactement ce qui doit être fait.

Cette immobilité est l'amplificateur.

Lorsque vous retirez le bruit, vous ne retirez pas le signal. Vous retirez la statique.

Le noyau de qui vous êtes – votre dynamisme, votre créativité, votre intense désir de gagner – ce signal devient plus fort. Il devient indéniable.

Un esprit calme ne tue pas l'ambition. Il l'affûte.

Il transforme une ambition vague et anxieuse en une intention exécutable, focalisée comme un laser.

Vous ne perdez pas votre feu lorsque vous trouvez la paix. Vous installez simplement le conteneur qui permet à ce feu de brûler plus chaud, plus longtemps et plus puissamment que vous ne l'auriez jamais imaginé.

Vous arrêtez d'être guidé par la peur de l'échec et commencez à être guidé par un désir authentique. Cette différence est tout. C'est le secret d'une passion durable.

# LE MENSONGE DE L'EFFACEMENT DE SOI : POURQUOI VOUS NE DEVEZ JAMAIS JETER VOTRE IDENTITÉ BRILLANTE ET DÉSORDONNÉE POUR TROUVER UN CALME DURABLE

Nous devons parler du plus grand et du plus nocif des mensonges dans le développement personnel moderne.

Le mensonge est le suivant : pour trouver la paix, vous devez trouver une version de vous-même qui est moins.

Moins intense. Moins opiniâtre. Moins désordonnée. Moins sensible.

Le mythe de l'illumination spirituelle se traduit souvent par l'exigence d'un effacement de soi.

Vous êtes encouragé à abandonner vos bords tranchants. À lisser votre forte personnalité. À éliminer l'énergie élevée qui vous rend, franchement, fascinant.

Cette culture vous dit que le calme équivaut à la neutralité. Que la véritable paix signifie être parfaitement malléable et dépourvu de conflit.

C'est une promesse de platitude psychologique.

C'est une promesse de devenir générique.

Et cela échoue parce que votre "identité brillante et désordonnée" est le moteur central de votre vie.

Les traits que vous êtes censés jeter - l'intensité, le dynamisme obsessionnel, l'empathie profonde qui conduit parfois à la douleur - ce sont aussi les composants de votre succès et de votre unicité.

Si vous réussissez à les éliminer, vous n'atteignez pas la paix.

Vous atteignez l'épuisement.

Vous atteignez une sorte d'épuisement psychologique à essayer de maintenir une identité blanche qui n'était jamais destinée à exister.

Nous sommes ici pour un résultat très différent.

Nous n'essayons pas de créer un robot décontracté.

Nous ne visons pas un vide où votre personnalité avait vécu.

Toute la prémisse de ce livre est la protection, pas la destruction.

Nous apprenons à réduire le volume du bruit afin que votre véritable signal - le soi brillant, complexe et déterminé - puisse enfin passer au travers.

Nous ne réduisons pas la voix critique en éliminant votre énergie. Nous reconnaissons simplement que la voix est un programme logiciel défectueux.

Nous gardons le disque dur. Nous gardons les données. Nous gardons le génie.

La paix n'est pas l'opposé de la passion.

La paix est la base nécessaire pour une passion soutenue et efficace.

Lorsque le bruit est géré, votre identité ne disparaît pas. Elle s'amplifie.

L'énergie que vous avez dépensée à vous inquiéter d'être trop, ou trop bruyant, ou trop compliqué, est soudainement relâchée dans le monde — dirigée et propre.

Vous avez le droit d'être profondément ambitieux et calmement centré.

Vous avez le droit d'être très sensible et intérieurement stable.

Vous avez le droit de garder vos angles vifs, votre sens de l'humour sombre, et votre tendance à vous obséder pour les choses que vous aimez.

Nous avons simplement veillé à ce que l'obsession vous serve, au lieu de vous asservir.

Ne laissez jamais un gourou du développement personnel vous convaincre que vous devez effacer les meilleures parties de vous-même pour trouver du soulagement.

Votre identité n'est pas le problème.

Le problème était le système d'exploitation défectueux qui dirigeait votre identité.

Nous avons réparé le code.

Maintenant, allez être exactement qui vous êtes. Tout cela. Désordonné et brillant.

# L'EFFET D'ENTRAÎNEMENT : LA MANIÈRE INATTENDUE DONT VOTRE STABILITÉ INTÉRIEURE RÉVOLUTIONNE VOS AMITIÉS ET VOS PARTENARIATS

Vous pensiez que ce voyage était privé.

Juste vous et votre bruit intérieur.

C'est le mensonge que vous dit le cerveau en désordre.

La stabilité intérieure n'est jamais un acte solitaire.

C'est une onde de choc.

Elle se propage immédiatement vers l'extérieur.

Elle touche chaque personne avec laquelle vous interagissez. Chaque jour.

Elle change fondamentalement l'atmosphère de votre foyer.

Vous devenez quelque chose de différent pour eux. Vous devenez fiable.

Pensez aux disputes les plus fréquentes de votre vie.

Qu'est-ce qui les alimente ?

C'est généralement deux cerveaux bruyants qui s'entrechoquent. Deux alarmes incendie criant en même temps.

Deux égos se battant pour l'air et la validation.

Lorsque votre alarme incendie est silencieuse, vous cessez de tout prendre personnellement.

Vous ne paniquez pas lorsque votre partenaire élève la voix. Vous ne percevez pas la mauvaise humeur de votre collègue comme un échec personnel.

Parce que votre valeur n'est plus liée à leur instabilité momentané.

Vous pouvez entendre les mots réels. Pas seulement la menace perçue impliquée par votre peur.

Vous créez de l'espace.

Cet espace est le plus beau cadeau que vous puissiez offrir à une relation. Cet espace est là où la véritable connexion peut respirer.

Aujourd'hui, considérez l'opposé : votre attention.

À quelle fréquence écoutez-vous un ami tout en répétant votre propre réponse ?

Ou tout en résolvant frénétiquement vos propres problèmes internes ?

Vous êtes à moitié présent. C'est irrespectueux.

Un esprit calme écoute pleinement. Il est présent.

C'est le plus grand cadeau que vous puissiez donner à quiconque. Une présence pure et sans filtres.

Lorsque vous êtes stable, votre collègue vous parle d'un projet et vous entendez les détails. Vous ne filtrez pas ces détails à travers votre propre insécurité d'abord.

Votre ami vous parle de sa douleur profonde. Vous êtes un pôle stable et immobile dans sa tempête. Pas un reflet instable de son drame.

Cette stabilité réduit l'immense travail émotionnel nécessaire des autres.

Lorsque vous apprenez à vous apaiser — grâce aux outils de ce livre — vous cesser d'externaliser ce travail.

Vous arrêtez de demander à votre partenaire de combler le vide.

C'est révolutionnaire pour un partenariat à long terme.

Ils ne sont plus votre thérapeute à temps plein. Ils ne sont pas tenus de réguler constamment votre humeur parce que vous ne pouvez pas le faire.

Ils peuvent juste être votre partenaire. Ils peuvent juste être votre ami.

Cela enlève la pression suffocante de la dépendance. Cela leur redonne leur liberté émotionnelle.

Et cette liberté est ce qui les pousse à vouloir rester, heureux.

Au travail, la stabilité n'est pas seulement utile. C'est un super pouvoir.

Vous devenez l'indispensable.

Vous êtes la personne qui reste centrée lorsque le chaos frappe le bureau. Lorsque la date limite change ou que le budget s'effondre.

Vous prenez des décisions basées sur des faits. Pas sur la peur.

La capacité de faire une pause avant de répondre — la compétence de la non-fusion — vaut une augmentation massive.

Cela est perçu comme une compétence immédiate.

Les gens font confiance à la voix calme. Ils veulent suivre la personne qui ne fonctionne pas à l'essence de la panique.

Votre paix intérieure simplifie tout pour ceux qui vous entourent. Elle crée un port sûr.

La meilleure et la plus généreuse chose que vous puissiez faire pour les personnes que vous aimez est d'apprendre à vous gérer vous-même.

Il n'est pas égoïste de poursuivre un esprit tranquille. C'est la forme de générosité la plus profonde.

Vous leur offrez le cadeau d'une atmosphère stable et cohérente.

Vous leur offrez le cadeau de vous-même, sans filtre, et vraiment présent pour la première fois.

Cette onde change tout.

## LA SYNTHÈSE : LE SECRET POUR RESSENTIR PROFONDÉMENT SANS ÊTRE EMPORTÉ PAR VOS ÉMOTIONS

C'est la distinction la plus critique que nous ferons jamais.

C'est la peur qui empêche les gens de se détacher de leur anxiété.

La peur est la suivante : si j'arrête de m'inquiéter, si je deviens vraiment calme, je vais cesser de m'en soucier. Je vais devenir terne. Je vais perdre mon tranchant. Je serai ennuyeux.

Vous pensez que votre anxiété est la source de votre passion. Vous pensez que le bruit alimente votre motivation.

Ce n'est pas le cas. Cela l'épuise.

La synthèse est le point où vous pouvez faire l'expérience de l'intensité pure et écrasante de la vie sans en être renversé.

C'est une question de volume, pas de silence.

Nous n'essayons pas de rendre l'expérience muette. Nous essayons de réduire le bruit interne. Le bourdonnement de l'assemblée.

Lorsque le bruit disparaît, la musique de votre véritable vie émotionnelle devient plus forte. Et plus claire.

La stabilité ne vous rend pas insensible. Elle vous accorde une capacité.

Imaginez que votre conscience est un verre.

Si ce verre est déjà à moitié plein de soucis, de rumination et de stress (le bruit), lorsqu'un sentiment puissant arrive — une véritable passion, une profonde tristesse, une joie magnifique — le verre déborde instantanément.

Vous êtes emporté. Vous perdez le contrôle. Vous devenez réactif. Vous fusionnez avec l'émotion parce qu'il n'y a plus d'espace pour l'observation.

Le travail du Code de l'Esprit Calme n'est pas de vider le verre des sentiments. C'est de rendre le verre plus grand.

C'est retirer le bruit chronique afin que lorsque les vrais sentiments massifs et profonds arrivent, vous ayez l'architecture pour les contenir.

Vous pouvez tout ressentir.

Vous pouvez sentir l'intensité brûlante d'une idée révolutionnaire. Vous pouvez sentir la douleur aiguë et profonde lorsque vous perdez quelque chose d'important. Vous pouvez sentir l'élan électrique de l'amour.

Et vous pouvez le ressentir profondément — jusqu'à vos os — sans perdre l'équilibre.

C'est le secret pour ressentir profondément sans être emporté. C'est la présence constante de l'Observateur Objectif que nous avons formé au Chapitre 7.

Lorsque la véritable douleur frappe, l'observateur n'essaie pas de la réparer. Il ne crie pas : "C'est intolérable !"

L'observateur dit : "Bonjour, chagrin. Tu es puissant. Tu es présent. Tu n'es pas moi, mais tu es en moi en ce moment."

Cette petite séparation — cet acte simple de nommer et d'accepter — est le levier qui empêche la marée.

Vous faites l'expérience de tout le spectre émotionnel humain. Vous êtes pleinement vivant. Mais vous conservez la stabilité du rivage.

Lorsque vous êtes fusionné avec vos émotions, elles deviennent une inondation qui emporte vos décisions.

Lorsque vous êtes synthétisé — stable mais ressentant — elles sont des données brutes. Elles vous informent. Elles colorent votre vie. Elles apportent la profondeur et la texture qui définissent votre âme. Mais elles ne dictent pas votre comportement.

C'est pourquoi les personnes calmes sont souvent les plus passionnées.

Ils ont la bande passante mentale pour consacrer leur énergie à la recherche de la joie ou de l'excellence. Ils ne perdent pas constamment d'énergie à combattre des fantômes internes.

Leur stabilité intérieure agit comme un amplificateur.

Lorsqu'ils ressentent de la joie, elle n'est pas diluée par une inquiétude de fond sur la durée de leur joie. Elle est pure.

Lorsqu'ils ressentent de la colère, elle est rapidement traitée, sans être laissée à dériver vers une rumination destructive. Elle devient le carburant pour une action constructive.

L'objectif n'a jamais été le détachement. C'était la capacité.

L'objectif a toujours été maximale expérience, ancrée dans un minimum de chaos interne.

Vous ne perdez pas votre passion. Vous la raffinez.

Vous remplacez l'énergie nerveuse, anxieuse, frénétique de l'esprit de l'alarme incendie défaillante par la puissance profonde et constante d'un cœur de réacteur.

C'est fiable. C'est propre. Et cela vous permet enfin de tenir bon dans les eaux les plus profondes de votre propre âme. Vous pouvez tout ressentir maintenant. Allez le ressentir.

# CHAPTER NINE

## LE CODE APPLIQUÉ : INTÉGRER LE SYSTÈME DE L'ESPRIT CALME POUR UNE PAIX PERMANENTE ET DURABLE

VOUS L'AVEZ FAIT.

Nous avons traversé le bruit ensemble.

Vous avez maintenant le manuel. Vous avez construit le code. Vous comprenez les mécanismes de votre cerveau désordonné et magnifique.

C'est le chapitre sur le long jeu. Il s'agit d'intégration.

Parce qu'ici est la vérité critique et peu romantique : Le travail n'est jamais terminé.

Ça ne s'arrête jamais.

Vous n'obtenez pas un certificat de calme permanent. Vous n'atteignez pas le sommet puis retirez vos bottes de randonnée.

Vous acquérez un contrat de maintenance.

Vous passez d'un état de gestion de crise à un état de maintenance continue et douce. C'est à ça que ressemble la paix durable. Ce n'est pas l'absence de tempêtes. C'est la capacité de les naviguer sans faire sombrer votre propre bateau.

Alors, comment appliquons-nous ce code de manière permanente ? Comment tissons-nous la Défusion et le Contrôle et la Neutralité dans le tissu d'un après-midi bruyant de mardi ?

Nous commençons petit.

Nous cessons de demander une réforme radicale. Nous nous concentrons sur les micro-décisions.

Les changements psychologiques les plus puissants sont toujours incrémentaux. Ils sont ennuyeux. Ils sont fiables.

Vous n'avez pas besoin d'une retraite de trois heures. Vous avez besoin de trois secondes de conscience tout de suite.

LES PREMIÈRES TROIS SECONDES

Tout le système de l'esprit calme repose sur la reconnaissance de l'écart de fraction de seconde entre un stimulus et votre réaction.

C'est là que se trouve votre pouvoir.

L'email difficile arrive. Le chien aboie à 3 heures du matin. Un collègue fait un commentaire passif-agressif.

Stimulus.

Avant ce livre, la séquence était automatique : Stimulus, Fusion, Émotion, Réaction, Regret.

L'application du Code est simple : Nous insérons un espace.

Nous insérons l'Observateur (Chapitre 7). Nous déployons la Défusion (Chapitre 2). Nous vérifions les catégories de Contrôle (Chapitre 4).

L'intégration signifie automatiser cette pause.

Le déclencheur se produit. Le Comité commence à crier son script habituel.

Votre tâche maintenant n'est pas de faire taire le Comité. Votre tâche est simplement de remarquer qu'il a commencé à parler.

C'est la Défusion.

Ça dit : « C'est une catastrophe. Vous échouez toujours là-dessus. »

Vous répondez—intérieurement, de manière neutre—avec : « Ah. J'ai la pensée que c'est une catastrophe. »

Voyez-vous la différence ?

Vous n'avez pas lutté contre la pensée. Vous ne l'avez pas contestée. Vous n'avez même pas contesté son principe.

Vous l'avez juste étiquetée. Vous l'avez placée dans la colonne "Pensée". Vous l'avez dépouillée de son autorité.

C'est l'habitude la plus critique pour la durabilité. Vous cessez de contester la météo dans votre tête. Vous notez simplement qu'il pleut.

LA MAINTENANCE EST LA NOUVELLE PERFECTION

Nous devons immédiatement abandonner l'attente de perfection.

Si vous croyez que la maîtrise signifie ne jamais se fâcher, ou ne jamais s'inquiéter, ou ne jamais avoir de pensée intrusive à nouveau, vous avez complètement raté le but.

C'est le mensonge spirituel que nous avons rejeté dans l'introduction.

Votre cerveau est une machine à résoudre des problèmes. Il continuera à trouver des problèmes jusqu'au jour de votre mort. C'est sa fonction.

Le but n'est pas de casser la machine. Le but est d'installer un meilleur logiciel pour quand elle rencontrera inévitablement un bug.

La vraie intégration a l'air désordonnée.

Ça ressemble à une terrible dispute, mais se souvenir cinq minutes plus tard d'effectuer la Décharge Somatique (Chapitre 5) au lieu de broyer du noir pendant cinq heures.

Ça ressemble à tomber dans une spirale de honte pendant vingt minutes, mais réaliser : « Attendez. Je suis fusionné. C'est la boucle de la honte répétée. » Et puis utiliser le Prompt de Changement Instantané (Chapitre 7) : « Que puis-je faire maintenant ? »

La métrique du succès n'est pas la présence de paix. C'est la durée du bruit.

À quelle vitesse pouvez-vous vous sortir de là ?

Cette rapidité est votre pouvoir. Cette rapidité est votre score d'intégration.

La personne qui peut rebondir après une pensée catastrophique en 30 secondes est exponentiellement plus paisible que celle qui évite les pensées catastrophiques 95 % du temps, pour ensuite être handicapée par les 5 % qui restent.

Vous vous entraînez pour la résilience, pas l'immunité.

LE CHANGEMENT VERS UNE PRATIQUE À FAIBLES ENJEUX

Nous attendons souvent des événements massifs et changeants la vie pour tester nos outils mentaux.

La perte d'emploi. La rupture. La maladie grave.

C'est comme attendre le match de championnat pour essayer un nouveau mouvement. Trop de pression. Un enjeu trop élevé.

L'intégration durable nécessite de pratiquer le code pendant les moments à faibles enjeux. Cela entraîne la mémoire musculaire.

Pensez aux ennuis quotidiens. Ce sont vos exercices d'entraînement.

Vous êtes coincé dans les embouteillages. Le trafic est incontrôlable (Chapitre 4).

Ancien Code : Fureur. Klaxons. Rumination sur la raison pour laquelle vous êtes parti en retard. La Taxe d'Inquiétude (Chapitre 3).

Nouveau Code : Défusion appliquée immédiatement. « J'ai la pensée que le trafic devrait circuler plus vite. C'est le Piège de l'Inutilité. »

Action : Respirez. Concentrez-vous sur le domaine à fort levier : Peut-être écoutez-vous le cours audio que vous avez remis à plus tard. Acceptez la réalité.

Votre enfant renverse un bol entier de céréales. Vous êtes fatigué.

Ancien Code : Cris. Critique intérieure hurlant, « Vous êtes un parent terrible qui ne peut même pas gérer les céréales. »

Nouveau Code : La Micro-Pause (Chapitre 5). Un pas physique en arrière. Étiquetage précis : « Je ressens de la frustration. Mon corps est tendu. C'est une tension somatique. » Décharge : Secouez vos mains pendant dix secondes.

Ensuite : Changement de Narrateur (Chapitre 7). « Céréales renversées. C'est un moment de chaos. Pas un jugement de ma valeur. »

Ces interactions minuscules—le café renversé, l'internet lent, le désaccord mineur—ce sont les arènes où vous programmez le nouveau défaut.

Vous n'avez pas besoin d'être parfait quand votre monde s'effondre. Vous devez être programmé quand le monde est simplement ennuyeux.

LE CODE DE L'ESPRIT CALME COMME FILTRE

Lorsque vous intégrez pleinement le Code, il ne semble plus être une action distincte mais commence à agir comme un filtre à travers lequel vous voyez la réalité.

C'est votre nouveau système d'exploitation.

Il simplifie la prise de décision.

Chaque information, chaque inquiétude, chaque interaction, est automatiquement passée à travers deux filtres :

Filtre 1 : Cette pensée est-elle un fait ou une fiction ? (Défusion)

Filtre 2 : Cela est-il dans ma sphère d'influence ? (Contrôle)

Si la réponse au Filtre 1 est « Fiction » (c'est une projection, une peur, un jugement) et que la réponse au Filtre 2 est « Non », le matériel est instantanément rejeté. Aucune énergie dépensée.

Imaginez le volume colossal de bande passante mentale que cela libère.

Quatre-vingt-dix pour cent du bruit dans votre cerveau—le comité hurlant et constant—existe à l'intersection de la Peur et du Manque de Contrôle.

Lorsque vous éliminez ces intrants, il vous reste les 10 % qui nécessitent une attention pratique.

C'est le pouvoir de la neutralité. Vous n'essayez pas d'être heureux face au désordre. Vous refusez simplement de dépenser votre budget d'énergie fini sur des matériels que vous ne pouvez pas utiliser.

C'est la conservation d'énergie durable. C'est le retour sur investissement de 10x (Chapitre 4).

LA RÉALISATION DÉCOUVRANT LA PAIX

Pendant longtemps, vous avez probablement cru que la paix était quelque chose que vous deviez atteindre.

Un endroit que vous deviez atteindre. Une médaille spirituelle que vous deviez gagner.

Cette croyance est épuisante. Elle vous force à poursuivre et à lutter pour quelque chose qui vous appartient déjà.

Le point d'intégration ultime du Système de l'Esprit Calme est la réalisation que la paix n'est pas acquise. Elle est découverte.

C'est votre réglage par défaut.

Pensez-y comme ceci : Si vous preniez une belle table en bois ancien et que vous versiez cinquante canettes de peinture dessus—couches d'inquiétude, de peur, de fusion, d'anxiété et d'autocritique—vous n'auriez pas besoin de construire une nouvelle table.

Il vous faudrait juste retirer la peinture.

La table est le soi central. La paix. La santé sous-jacente. Elle est forte, stable et déjà présente.

Le Code est l'agent de décapage.

Il dissout la peinture de fusion. Il ponce les anciens scripts du critique. Il nettoie le désordre de l'incontrôlable.

Vous ne créez pas le calme. Vous le révélez.

Et parce que c'est votre état natif, il nécessite moins d'énergie à maintenir que le bruit. Le bruit nécessite une attention constante, du combustible et de la croyance. Le calme ne nécessite rien d'autre que l'absence d'interférence.

Cette réalisation inverse tout le processus. Vous cessez de courir après. Vous commencez à permettre.

Vous permettez aux pensées d'être des pensées. Vous permettez aux émotions d'être des émotions. Vous permettez au monde d'être l'endroit chaotique et incontrôlable qu'il est.

Et dans ce laisser-aller, dans cette libération douce du volant, vous trouvez le calme.

L'intégration consiste simplement à choisir, dans chaque micro-moment, de ne pas interférer avec votre propre paix par défaut.

C'est une discipline de non-effort.

Gardez le code près de vous. Utilisez-le souvent. Devenez désordonné. Échouez rapidement. Revenez plus vite.

C'est votre vie, maintenant fonctionnant sur le Système de l'Esprit Calme.

## LA RÈGLE DES PETITES HABITUDES : METTRE EN ŒUVRE DES CHANGEMENTS PROGRESSIFS QUI GARANTISSENT UN SUCCÈS À LONG TERME SANS REVOIR VOTRE VIE EN PROFONDEUR

VOUS AVEZ ESSAYÉ LE GRAND OBJECTIF, N'EST-CE PAS ?

Nous avons tous essayé.

Le grand changement. La transformation massive de la vie. La décision soudaine de devenir une personne parfaite, spirituellement éveillée, du jour au lendemain.

Comment cela s'est-il passé ?

Ça a échoué. Ça échoue toujours. Ces objectifs sont basés sur la motivation. La motivation est une drogue éphémère et peu fiable. Elle dure trois jours, peut-être une semaine, puis le chaos de la vie réelle surgit et réduit votre plan parfait en poussière.

Nous avons fini avec les efforts héroïques.

Nous mettons en œuvre la règle des petites habitudes.

C'est le plan anti-perfection. C'est ainsi que le Code de l'Esprit Calme devient une partie intégrante de votre système sans que vous remarquiez l'effort.

La règle est la suivante : Si vous voulez de la constance, vous devez viser des actions trop petites pour échouer.

Trop petites pour nécessiter même la motivation.

Si votre objectif est de prendre du muscle, vous ne commencez pas par planifier une séance d'entraînement de deux heures. Vous commencez par faire une pompe. Une seule. C'est tout. Vous pouvez sauter le reste de l'entraînement, mais vous ne pouvez pas sauter cette seule pompe.

Il s'agit de créer un élan si doux que l'inertie ne remarque même pas que vous bougez.

Lorsque nous appliquons cela à l'esprit, nous cherchons des micro-interventions. Des moments de défusion ou d'ancrage qui prennent quatre secondes ou moins.

Vous ne bloquez pas quinze minutes pour vous asseoir et traiter votre traumatisme. C'est intense. C'est insoutenable.

Vous détournez les petites routines existantes de votre journée pour ancrer le nouveau comportement.

Cela s'appelle l'empilement d'habitudes.

Regardons le Code appliqué de manière incrémentale.

Le moment où vous vous asseyez dans votre chaise de bureau : C'est votre déclencheur.

L'action n'est pas de réfléchir à votre journée. L'action est de nommer trois couleurs que vous pouvez voir. Rouge, gris, bleu. C'est tout. Vous êtes ancré. Vous venez de tirer votre esprit de l'avenir et de l'amener au présent. Quatre secondes.

Le moment où vous prenez la première gorgée de café : C'est votre déclencheur.

L'action est d'observer silencieusement le goût, la chaleur et le poids de la tasse. C'est un scan corporel complet. C'est de la micro-mindfulness. Quatre secondes.

Le moment où vous entendez le Critique Intérieur crier un ancien discours : C'est votre déclencheur.

L'action est d'utiliser le Déflateur d'Absurdite. Vous ne discutez pas avec la pensée. Vous dites, dans votre tête, "Bonjour, Planificateur Paranoïaque, merci pour l'avertissement," et vous tournez immédiatement votre attention vers la tâche à accomplir.

Une phrase. Une respiration. C'est le nouveau modèle de réponse.

L'objectif ici est le volume de répétition, pas l'intensité de l'effort.

Votre cerveau ne se soucie pas de la dramatisation de vos actions. Il se soucie uniquement de la fréquence. Chaque fois que vous réussissez à exécuter une défusion de quatre secondes, vous renforcez le chemin neural pour le calme. Vous dites au système : C'est le nouveau défaut.

Nous ne visons pas 100 % de succès sur un objectif massif. Nous visons 90 % de constance sur dix petites habitudes.

Si vous manquez le grand objectif, vous ressentez de la honte. Vous cessez d'essayer.

Si vous manquez de nommer trois couleurs une fois, ce n'est pas grave. C'est trop petit pour générer de la honte. Vous le faites juste la prochaine fois que vous vous asseyez.

La règle des petites habitudes rend l'échec presque irrélevant.

Lorsque vous pratiquez la catégorisation de l'illusion de contrôle—séparer le contrôlable de l'incontrôlable—vous ne le faites pas pendant une heure de journal. Vous le faites lorsque vous ouvrez votre e-mail.

Vous scannez les lignes de sujet. Puis-je contrôler le contenu de cet e-mail ? Non. Je ne peux contrôler que ma réponse.

Un petit scan de clarté. Fait.

La clé d'une paix durable à long terme est que vos efforts doivent être invisibles pour votre système de motivation. Ils doivent nécessiter moins d'effort que de les sauter.

Essayez cela aujourd'hui.

Identifiez une routine que vous faites déjà sans réfléchir : tourner la clé dans le contact, vous laver les mains, fermer votre ordinateur portable.

Attachez une action de Code de quatre secondes à cela.

Lorsque l'eau touche mes mains, je vais immédiatement noter la température.

C'est tout ce que vous avez à faire.

Vous plantez des graines silencieuses de stabilité tout au long de votre journée. Vous programnez le système d'esprit calme en arrière-plan, comme une mise à jour logicielle silencieuse.

Vous n'avez pas besoin de quitter votre emploi. Vous n'avez pas besoin de déménager dans une cabane. Vous n'avez pas besoin d'une expérience spirituelle massive.

Vous devez juste choisir de manière cohérente et répétée la réponse de quatre secondes plutôt que la rumination de quatre heures.

C'est ainsi que le Code passe de la théorie à l'instinct. De manière incrémentale. Silencieusement. De façon permanente.

## LE PROTOCOLE DE RECUL : VOTRE GUIDE DE RÉFÉRENCE RAPIDE POUR UNE DÉFUSIONS INSTANTANÉES DE PENSÉES LORSQUE LA RÉCIDIVE ARRIVE

Ça va arriver.

J'ai besoin que vous entendiez cela clairement.

Vous aurez une semaine parfaite.

Peut-être deux.

Vous ressentirez le calme. Vous ferez confiance à la sérénité. Vous regarderez autour de vous et penserez, “Je l'ai enfin résolu.”

Puis vient le mardi.

Un déclencheur apparaît. Un mauvais e-mail arrive. Quelqu'un vous coupe la route.

Et soudain, l'alarme incendie hurle. Le volume est à 100.

Vous retomberez dans un ancien cycle de pensées. Vous ressentirez cette honte familière : J'ai échoué. Le code n'a pas fonctionné. Je reviens à la case départ.

C'est le moment le plus critique de votre parcours.

Parce qu'une rechute n'est pas un échec. C'est simplement un retour temporaire à une ancienne habitude. Cela signifie que votre cerveau, qui se tourne naturellement vers l'anxiété, a trouvé un chemin familier bien usé et a décidé de faire une courte et terrible pause là-bas.

Votre mission n'est pas d'arrêter complètement cette pause.

Votre mission est de la raccourcir.

Nous visons la rapidité de récupération, pas la perfection de la pratique.

La différence entre une paix réussie à long terme et une lutte chronique n'est pas la fréquence à laquelle vous trébuchez. C'est la rapidité avec laquelle vous vous relevez.

Lorsque le bruit revient, et il le fera, utilisez ce protocole. Il est conçu pour être déployé instantanément.

Ceci est votre Guide de Référence Rapide.

LE PROTOCOLE DE RECUL : DEFUSIONS INSTANTANÉES EN 3 ÉTAPES

Étape 1 : La Phase de Reconnaissance et de Nomination

Votre cerveau doit immédiatement cesser de fusionner avec la pensée. Vous devez créer de la distance.

Arrêtez tout.

Tirez le frein à main. Mettez littéralement sur pause tout ce que vous faites.

Identifiez le type de bruit. Est-ce le Critique qui revient ? Est-ce le Planificateur Paranoïaque qui répète le désastre ?

Nommez-le à voix haute, ou intérieurement avec force : "Oh, regardez. C'est encore le Planificateur."

Ne vous engagez pas dans le contenu de la pensée. N'essayez pas de résoudre le bruit.

Juste labeliser le bruit.

Le label est l'épée. Il coupe instantanément le cordon de fusion.

Utilisez la phrase : "J'ai la pensée que je suis un échec."

Ne dites pas : "Je suis un échec."

Reconnaissance : Je suis dans un ancien cycle.

Nommer : C'est un cycle de prévision.

Étape 2 : Ancrage Sensoriel—Le Contrôle de Réalité de 4 Secondes

Lorsque vous subissez une rechute, votre carte mentale vient de devenir le territoire. Vous êtes perdu dans le futur théorique ou le passé honteux.

Vous devez revenir à l'instant physique, indéniable. Maintenant.

L'instant présent est le seul endroit où la pensée ne peut pas vivre.

Concentrez-vous entièrement sur le corps physique pendant quatre secondes.

Où sont vos pieds ? Enfoncez-les dans le sol. Sentez la texture de vos chaussures.

Où est votre respiration ? Prenez une inspiration lente et délibérée. Sentez l'air toucher votre lèvre supérieure à l'expiration.

Que pouvez-vous voir ? Nommez trois objets qui sont bruns. Trois objets qui sont rectangulaires.

Forcez votre cognition à s'éloigner de l'abstraction et vers les faits sensoriels.

Cela déplace le cerveau du système limbique (panique) vers le cortex frontal (logique et conscience).

Le bruit ne peut pas résister aux faits solides et présents.

Étape 3 : La Déclaration de Réintégration et le Pardon

C'est ici que vous corrigez le récit émotionnel d'échec.

Ne laissez pas l'erreur aggraver la souffrance. Vous avez déjà fait l'erreur (la rechute). Ne commettez pas une seconde (l'autoflagellation).

Soyez objectif. Soyez bienveillant.

Vous êtes simplement retourné aux paramètres par défaut. Ce n'est pas personnel. C'est neurologique.

Exprimez fermement votre Commande de Réintégration :

"Je suis retourné au bruit, mais je suis de retour maintenant."

"C'est un moment de pratique, pas un échec."

"Je ne cherche pas la perfection, juste la constance."

Ensuite, demandez-vous doucement : Quelle est la toute prochaine action petite et utile que je peux entreprendre ?

Pas l'action parfaite. Pas la solution complète.

Juste le petit pas utile.

Faites ce pas. Même si c'est juste aller jusqu'à la fenêtre et regarder le ciel.

Le bruit n'est pas maîtrisé en le dominant, mais en le contournant simplement et en s'en éloignant.

La clé du Protocole des Revers est la rapidité. Au moment où vous réalisez que vous vous noyez dans le bruit, utilisez immédiatement l'Étape 1. Ne attendez pas que la vague passe. Commencez à étiqueter. Commencez à sentir vos pieds.

Les revers nous enseignent où la fondation est faible. Ce ne sont que des retours d'information.

remerciez le bruit pour la leçon.

Ensuite, baissez le volume et reprenez votre vie.

## LE LONG TERME : POURQUOI LA MAÎTRISE EST UN ENTRETIEN CONTINU, PAS UNE RÉALISATION UNIQUE (ET COMMENT ARRÊTER D'ATTENDRE LA PERFECTION)

Vous avez fait le travail.

Vous avez maintenant le manuel. Vous avez pratiqué la défusion. Vous pouvez nommer le critique. Vous savez où se trouve la ligne entre la planification et la panique.

C'est là que la véritable vérité se pose.

Il n'y a pas de ligne d'arrivée.

Vous ne serez jamais diplômé de cela.

Nous devons aborder le mensonge culturel profondément ancré selon lequel la maîtrise est une réalisation unique. Nous aimons le récit du héros qui apprend la compétence, défait le méchant, et s'en va vers un soleil permanent et paisible.

C'est l'intrigue d'un film. Ce n'est pas la psychologie humaine.

Votre cerveau est un organe vivant et adaptatif. Il est hautement sensible aux stimuli, au stress, à la caféine, au sucre, et au chauffeur de voiture à côté de vous. C'est une machine conçue par l'évolution pour trouver des problèmes. Elle n'arrêtera jamais d'exercer sa fonction principale, qui est de scanner l'horizon à la recherche de choses qui pourraient vous tuer.

Le Code que vous avez appris n'est pas une solution permanente pour éteindre la machine.

C'est un calendrier d'entretien permanent pour la machine.

Pensez-y comme à l'hygiène dentaire. Vous ne vous brossez pas les dents parfaitement une fois et dites : "Super, mes dents sont réparées pour toujours." Vous les brossez deux fois par jour, tous les jours, car l'environnement travaille constamment à les dégrader.

La paix mentale est le même entretien continu.

Vous allez vous réveiller demain et votre comité interne criera à nouveau. Ils seront plus bruyants si vous êtes fatigué. Ils seront vicieux si vous êtes stressé à propos de l'argent. Ils seront absolument convaincus d'avoir raison si vous venez d'avoir une dispute avec votre conjoint.

La maîtrise n'est pas définie par l'absence du comité.

Elle est définie par la rapidité avec laquelle vous refusez de leur donner autorité.

Vous jouez le long jeu. Le long jeu est mesuré en moments de récupération, pas en années d'immobilité.

Vous pourriez être emporté dans un tourbillon. Vous pourriez passer deux heures à ruminer une offense professionnelle. Avant ce livre, ce tourbillon aurait pu durer deux semaines et vous coûter un vrai sommeil. Maintenant, il dure deux heures.

Cette réduction dans le temps ? C'est ça la maîtrise.

La maîtrise consiste à réduire le temps de récupération.

C'est la capacité de se rattraper plus tôt. D'interrompre le script une phrase plus tôt. D'appliquer un hack de mise à la terre 30 minutes avant que la panique ne vous saisisse.

Arrêtez de vous attendre à la perfection. La perfection est une fantaisie créée pour vous faire sentir inadéquat. C'est le mécanisme ultime d'abandon. Si vous attendez zéro pensée bruyante, vous échouerez chaque jour, et finalement, vous lancerez le livre à travers la pièce et direz : "Cela ne fonctionne pas pour moi."

Mais cela fonctionne pour vous. Vous aviez juste besoin d'ajuster la métrique.

La métrique est la constance, pas l'absence de défauts.

Vous n'avez pas besoin d'être un guru spirituel rayonnant de sérénité. Vous devez juste être une personne qui reconnaît l'alarme incendie et sait comment la désamorcer rapidement.

C'est un engagement profond envers un entretien continu de soi. C'est la pratique de choisir encore et encore l'observateur silencieux plutôt que la voix hystérique. C'est un choix que vous faites encore et encore.

Et ce choix, répété dans le temps, devient votre nouvelle ligne de base.

L'entretien est la paix. L'effort est la récompense. Continuez à vous investir pour le long jeu. C'est le seul jeu qui compte vraiment.

## DÉCOUVERT : LA RÉALISATION ULTIME QUE LA PAIX N'EST PAS ACQUISE, MAIS DÉCOUVERTE (LE RÉSUMÉ PUISSANT)

NOUS AVONS POURSUIVI LA PAIX.

Nous l'avons traquée.

Nous pensions qu'elle vivait quelque part à l'extérieur.

Nous croyions que c'était une destination.

Nous l'avons traitée comme une grande réalisation.

C'était l'erreur centrale que nous avons commise, l'erreur de 9 000 dollars qui nous a tout coûté.

La paix n'est pas acquise.

Ce n'est pas un prix que vous gagnez après des années de méditation silencieuse.

Ce n'est pas une médaille épinglée à votre poitrine pour un comportement excellent.

C'est découvert.

Pensez-y comme ceci : votre esprit est une vieille peinture précieuse. Elle est parfaite en dessous. Mais au fil des ans, l'environnement l'a recouverte de saleté, de fumée et de bruit. La peinture est toujours là. La beauté est inhérente.

Vous n'avez pas besoin de peindre un nouveau tableau.

Vous avez besoin du code pour nettoyer la toile.

Ce que nous avons fait dans ce manuel, c'est soustraire le bruit.

Nous n'avons pas cherché à devenir paisibles.

Nous avons cherché à enlever ce qui bloquait la paix.

Nous avons identifié l'alarme incendie défectueuse.

Nous avons défusé les pensées qui n'étaient pas vraies.

Nous avons relâché l'illusion de contrôle.

Nous avons reconnu la futilité de souhaiter que les choses soient différentes.

Tout outil que nous avons utilisé, des incitations stoïques au Déflateur d'Absurdité, était un acte de soustraction.

Lorsque vous enlevez le désordre — lorsque vous arrêtez de vous fusionner avec le comité hurlant — que reste-t-il ?

La paix.

C'est l'état par défaut.

C'est la fondation calme de votre conscience.

Nous avons commencé ce voyage en croyant que nous devions nous battre pour atteindre le calme.

Nous terminons ce voyage en comprenant que le calme est ce qui reste lorsque la lutte s'arrête.

Vous n'êtes pas la tempête.

Vous êtes le vaste ciel ouvert dans lequel la tempête apparaît et disparaît.

Les outils de ce livre vous donnent la capacité de vous tenir dans le ciel, observant la météo, sans être emporté par le vent.

C'est la réalisation ultime qui vous libère :

Vous n'avez plus besoin de courir après quoi que ce soit.

Vous n'avez pas besoin de chercher une solution qui est déjà installée en vous.

La paix est inhérente.

Elle est déjà à vous.

Tout ce que vous avez à faire est de refuser de la couvrir avec un bruit et des inquiétudes inutiles.

Gardez le Code près de vous.

Gardez le volume bas.

L'entretien continue, mais le travail principal est fait.

La paix est découverte.

## ALLEZ ÊTRE BRUYANT DANS LE MONDE, MAIS FAITES-LE AVEC UN ESPRIT CALME

REGARDEZ-VOUS MAINTENANT.

Vous avez fait le travail.

Vous avez traversé le bruit.

Ce n'était pas facile.

Nous sommes allés au fond des parties désordonnées du cerveau.

Nous avons confronté l'alarme incendie.

Nous avons arrêté de prétendre que la positivité superficielle fonctionne.

Nous avons cessé d'essayer de réprimer la réalité.

Vous avez appris à détruire la bombe de pensée.

Vous avez appris à vous prendre moins au sérieux.

Vous avez appris à respirer lorsque l'alarme incendie crie son cri le plus fort et le plus ridicule.

Souvenez-vous de la promesse que nous avons faite.

Vous n'aviez pas besoin de devenir moine.

Vous n'aviez pas besoin d'échanger votre feu contre une paix fausse.

Vous n'aviez pas besoin de supprimer votre personnalité honnête, brillante et complexe.

Le monde a besoin de cette personnalité.

Ce que vous avez supprimé, c'était la souffrance inutile.

Vous avez simplement trouvé l'espace tranquille à l'intérieur de vous-même.

Le cœur stable.

La paix opérationnelle.

Allez vivre votre vie maintenant.

Utilisez cette énergie que nous avons récupérée de l'illusion de contrôle.

Allez être bruyant dans le monde.

Faites un glorieux désordre.

Prenez les risques que vous ne pouviez pas prendre auparavant.

Poursuis la passion que la peur cachait.

Mais fais-le avec un esprit calme.

Fais-le à partir de ce noyau stable.

Garde le code près de toi.

Il est toujours disponible.

Et je serai ici si jamais tu as besoin de revenir et de tourner la page à nouveau.

C'est un entretien continu, après tout.

Bienvenue dans le calme.

Maintenant, va faire du bruit.

www.ingramcontent.com/pod-product-compliance
Lightning Source LLC
LaVergne TN
LVHW020103081026
849580LV00013B/1770